Deutschbuch

Erweiterte Ausgabe

Arbeitsheft 5

Arbeitstechniken
Texte schreiben
Texte verstehen
Grammatik
Rechtschreibung
Lernstandstest

Herausgegeben von
Bernd Schurf und
Andrea Wagener

Erarbeitet von
Friedrich Dick
Marianna Ernst
Agnes Fulde und
Toka-Lena Rusnok

Name: ______________________

Klasse: __________

Cornelsen

Autoren- und Quellenverzeichnis

S. 25: Der Fernseheinkaufswagen. Nach: http://archiv.raid-rush.ws/t-66796.html [13.09.2011] – **S. 30:** Hermann Bote: Wie Eulenspiegel in einem Karren voller Erde saß. Aus: Till Eulenspiegel. Coppenrath, Münster 2006, S. 18 f. – **S. 32:** Paul Maar: Das fliegende Kamel. Aus: Das fliegende Kamel. Oetinger, Hamburg 2010, S. 16 – **S. 37:** Sibylle Seith: Karl die Krabbe. Aus: aHoi! No. 3, Mare Verlag 10/11 2011, S. 53 – **S. 48:** Die Titanic – Ein Schiff der Rekorde. Nach: Simon Adams: Titanic. Die berühmteste Katastrophe in der Geschichte der Seefahrt. Gerstenberg, Hildesheim 2002, S. 12 – **S. 61:** San Francisco/USA. Viele Wale ... Nach: http://www.geo.de/GEOlino/nachrichten/wal-vor-dem-sicheren-tod-gerettet-16122005-4804.html [10.12.2013] – **S. 69:** Machu Pichu – Die „Stadt in den Wolken". Nach: Conny Stenull: Machu Picchu. http://www.kindernetz.de/infonetz/thema/weltentdecken/machupicchu/-/id=273062/nid=273062/did=35432/h8gia8/ [10.12.2013] – **S. 70:** Auf dem Weg zum Gipfel. Nach: Geolino extra. Versunkene Welten. Gruner + Jahr 16/2008, S. 80 ff. – **S. 73:** Feuerzeuge in der Steinzeit? Nach: Geolino extra. Die Steinzeit. Gruner + Jahr 32/2012, S. 84 – **S. 88:** Siobhan Dowd: Der Junge, der sich in Luft auflöste. Carlsen, Hamburg 2008, S. 27 – **S. 95:** Josef Guggenmos: Die vergesslichen Räuber. Aus: Oh, Verzeihung, sagte die Ameise. Beltz & Gelberg, Weinheim/Basel 2008, S. 60 – **S. 102:** Boy Lornsen: Inka, Minka und Katinka. Aus: Der Tintenfisch Paul Oktopus. Köln 2009, S. 60 – **S. 103:** Josef Guggenmos: Abfallverwertung. Aus: Oh, Verzeihung, sagte die Ameise. Beltz & Gelberg, Weinheim/Basel 2008, S. 157 – **S. 103:** Zungenbrecher: Fromme Frösche fressen ... / Kleine Katzen und ... Aus: http://www.heilpaedagogik-info.de/kinder/zungenbrecher/287-deutsche-zungenbrecher-sprueche.html [10.12.2013] – **S. 105–106:** Tauben und Papageien. Nach: Martin Walters / Jinny Johnson: Die Tiere der Welt. Parragon Books, 2007, S. 92 f. – **S. 107:** Ob im Wasser ... Nach: dpa, in: Neue Westfälische Zeitung Nr. 109. Mittwoch, 11. Mai 2011 – **S. 108, 112:** Tilmann P. Gangloff: Ein Leben ohne Fernseher? Aus: © Kölner Stadt-Anzeiger, in: www.ksta.de/html/artikel/1189361590040.shtml [9.9.2011]

Bildquellenverzeichnis

S. 5, 19: Thomas Schulz, Teupitz – **S. 15, 16:** Fotolia/Onkelchen – **S. 18:** Fotolia/©siamphoto – **S. 44:** akg-images/JAM – **S. 48:** mauritius-images/Alamy – **S. 60:** Shutterstock/tubuceo – **S. 65:** Fotolia/Terence Mendoza – **S. 69:** Fotolia/Ridam – **S. 70:** Fotolia/poladamonte – **S. 72:** akg images/Erich Lessing – **S. 105:** Fotolia/sg – **S. 106 oben:** Shutterstock/leisuretime70 – **S. 106 unten:** Fotolia/Eric Isselée

Impressum

Redaktion und Bildrecherche: Florian Hampel, Annika Kusumi

Coverfoto: Thomas Schulz, Teupitz

Illustrationen:
Uta Bettzieche, Leipzig: S. 17, 20, 37, 40, 41, 42, 43, 44, 45, 46, 47, 49, 50, 53, 54, 55, 56, 57, 58, 59, 62, 63, 67, 74, 75, 76, 77
Christiane Grauert, Milwaukee (USA): S. 7, 8, 11, 12, 13, 14
Nils Fliegner, Hamburg: S. 79, 80, 81, 82, 83, 84, 85, 86, 87, 88, 89, 90, 91, 92, 93, 94, 95, 96, 97, 98, 99, 100, 102, 103, 106, 109, 112
Josep Rodés Jordà, Murnau: S. 25
Christa Unzner, Berlin: S. 30, 32, 34, 35

Layoutkonzept: werkstatt für gebrauchsgrafik, Berlin
Layout und technische Umsetzung: Ines Schiffel, Berlin

www.cornelsen.de

Alle Drucke dieser Auflage sind inhaltlich unverändert
und können im Unterricht nebeneinander verwendet werden.

Druck: Drukarnia Dimograf Sp. z o.o., Bielsko-Biała

Ausgaben ohne Übungs-CD-ROM
1. Auflage, 1. Druck 2014
ISBN 978-3-06-062946-6 (Allgemeine Ausgabe)

1. Auflage, 3. Druck 2025
ISBN 978-3-06-062968-8 (Nordrhein-Westfalen)

Ausgaben mit Übungs-CD-ROM
1. Auflage, 2. Druck 2020
ISBN 978-3-06-062952-7 (Allgemeine Ausgabe)

1. Auflage, 2. Druck 2019
ISBN 978-3-06-062974-9 (Nordrhein-Westfalen)

Inhaltsverzeichnis

Kennzeichnungen in diesem Arbeitsheft:

1 Aufgabe

4 Zusatzaufgabe

▶ Der Pfeil sagt dir, auf welcher Seite du etwas nachschlagen kannst.

Mit dem beigefügten Lösungsheft kannst du deine Arbeitsergebnisse selbst überprüfen.

Das Heft gestalten

1 **Die Schülerinnen und Schüler denken an wichtige Tipps zur Heftführung. Kennst du weitere Tipps? Notiere sie im Heft.**

2 **Der folgende Hefteintrag ist gut gelungen. Welcher Tipp wurde an den Stellen beachtet, an denen ein Kästchen steht? Male die Kästchen in der passenden Farbe der Sprechblasen aus.**

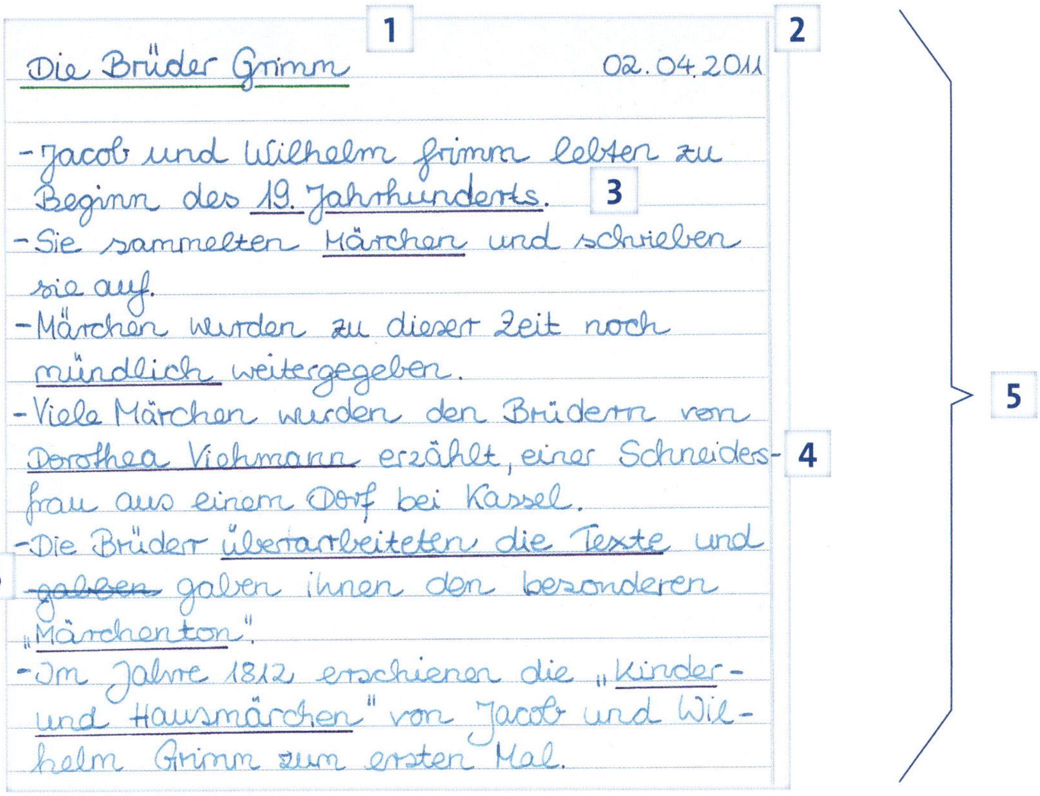
1
2
Die Brüder Grimm 02.04.2011

- Jacob und Wilhelm Grimm lebten zu Beginn des 19. Jahrhunderts. 3
- Sie sammelten Märchen und schrieben sie auf.
- Märchen wurden zu dieser Zeit noch mündlich weitergegeben.
- Viele Märchen wurden den Brüdern von Dorothea Viehmann erzählt, einer Schneiders- 4
frau aus einem Dorf bei Kassel.
- Die Brüder überarbeiteten die Texte und
6 ~~gaben~~ gaben ihnen den besonderen „Märchenton“.
- Im Jahre 1812 erschienen die „Kinder- und Hausmärchen“ von Jacob und Wilhelm Grimm zum ersten Mal.

5

3 a **Bewerte das folgende Schülerbeispiel. Kreuze in der Checkliste an.**

Märchenmerkmale

Die Figuren:
In vielen Märchen treten Könige und Königinnen auf, Prinzessinnen und Prinzen, (böse) Stiefmütter, aber auch fantastische Gestalten wie Feen, Zauberer, Hexen, Riesen und Zwerge.
Die Handlung:
Meistens treffen im Märchen Gute und Böse aufeinander. Am Ende werden die Guten belohnt und die Bösen bestraft. Zuerst müssen sie aber Prüfungen oder schwierige Aufgaben erfüllen oder bestehen. Oft passieren Dinge, die in der Wirklichkeit nicht vorkommen.

Checkliste

Heftführung auf dem Prüfstand!

	gut ☺ gelungen	weniger 😐 gelungen	noch nicht ☹ gelungen
Die Seite wurde übersichtlich gestaltet.	☐	☐	☐
Der Hefteintrag wurde mit einem Datum versehen.	☐	☐	☐
Die Überschrift wurde mit dem Lineal unterstrichen.	☐	☐	☐
Es wurde leserlich geschrieben und Fehler wurden ordentlich durchgestrichen und verbessert.	☐	☐	☐
Wichtiges wurde farblich hervorgehoben.	☐	☐	☐

b **Notiere, welche Tipps du dem Schüler geben würdest.**

Beim nächsten Hefteintrag musst du darauf achten, dass

c **Schreibe den Hefteintrag korrigiert in dein Heft. Beachte alle Tipps der Checkliste.**

4 a **Bewerte dein Deutschheft. Gehe die Checkliste oben Punkt für Punkt durch.**
b **Bitte andere, dein Heft zu prüfen, z. B. deine Eltern, Mitschülerinnen oder Mitschüler …**
Tipp: Prüfe dein Heft am besten alle zwei Wochen mit Hilfe der Checkliste.

Spannend erzählen – Unheimliche Abenteuer

Erzählen nach Bildern

Leos Schwester Lena ist 7 Jahre alt. Die beiden verstehen sich sonst gut. Heute spielt Leo ihr einen Streich.

1 Schau dir die Bilder genau an und formuliere in ein oder zwei Sätzen, worum es in der Bildergeschichte geht.

In der Bildergeschichte geht es um die kleine Lena, Leos Schwester, die

2 Was kannst du über die zwei Figuren in der Geschichte sagen? Beantworte die Fragen stichwortartig.

A Was hat Lena vor?

B Wie fühlt sich Lena im Keller?

C Was hat Leo vor?

D Wie gelingt es Leo, seine Schwester zu erschrecken?

3 Wie könnte die Geschichte enden? Lies die zwei Ideen und ergänze eine dritte Idee.
Tipp: Es könnte auch eine weitere Figur auftauchen.

A Lena schreit und läuft weg.

B Lena erkennt den Streich ihres Bruders und „spielt mit".

C

Information **Die Lesefieberkurve**

Die Lesefieberkurve zeigt, wie sich die Spannung in einer Geschichte entwickelt.

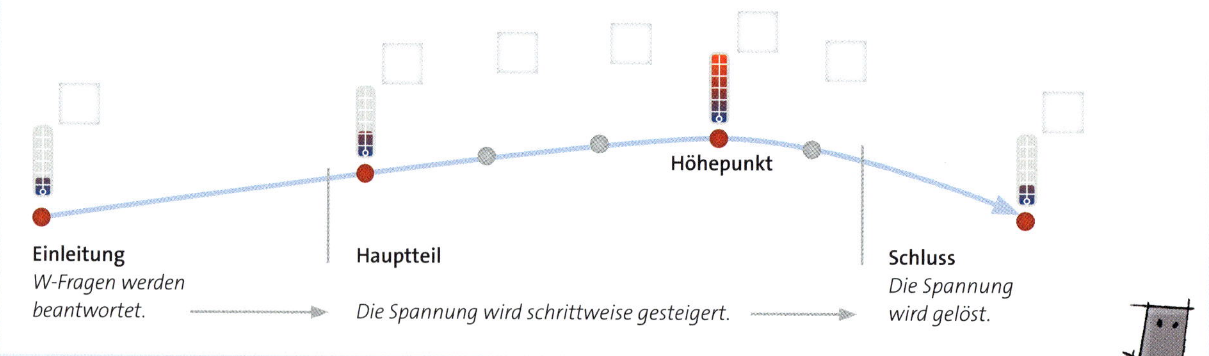

4 **Die Lesefieberkurve zeigt die Anordnung der Erzählschritte.
Ordne die Bilder A, B, C, D (▶ S. 7) zu. Trage dazu die Buchstaben in die Kästchen ein.**

Die Einleitung schreiben

Methode **Eine Einleitung verfassen**

- Die Einleitung führt in die Geschichte ein und gibt Antworten auf die folgenden **W-Fragen:** **Wann** ereignete sich die Handlung? **Wo** spielte sie? **Wer** waren die beteiligten Figuren?
- Du kannst bereits in der Einleitung deine Leser neugierig machen und z. B. Schlingen auslegen (▶ S. 12).
- Beachte: Erzählungen werden meistens im **Präteritum** (▶ S. 57) geschrieben, z. B. *lief, spielte, schaute.*

5 **a** **Lies die Einleitungen A und B. Markiere jeweils die Informationen zu den drei W-Fragen *Wann? Wo? Wer?*.**
b **Umkreise die Verben im Präteritum.**
c **Unterstreiche in beiden Einleitungen Formulierungen, die die Leser neugierig machen.**

A Als meine kleine Schwester Lena gestern in den Keller ging, um ihre Kasperlepuppe zu suchen, ahnte sie noch nicht, was ihr passieren würde.

B Meine Schwester Lena ist eigentlich überhaupt nicht ängstlich. Als sie aber neulich ihre Kasperlepuppe im Keller suchte, erlebte sie eine Überraschung.

6 **Bereite deine eigene Einleitung vor. Beantworte dazu die folgenden W-Fragen stichwortartig.**

Wann ereignete sich die Handlung?	Wo spielte sie?	Wer waren die beteiligten Figuren?

Den Hauptteil schreiben

Methode **Anschaulich erzählen**

Eine Erzählung wird anschaulicher, wenn man sie an passenden Stellen mit **Adjektiven** schmückt.

7 **Ergänze in dem folgenden Text passende Adjektive (z. B. *dunkel, leise, schwach*).**

Lena befand sich auf der ______________ Kellertreppe. Ich folgte ihr ______________. Das ______________ Licht der Glühbirne über den ______________ Stufen erleuchtete nur einen ______________ Teil des Kellerraums. „So ein ______________ Durcheinander“, hörte ich Lena schimpfen. Ganz vorsichtig schlich ich hinterher.

Methode **Abwechslungsreich erzählen**

So kannst du abwechslungsreich und spannend erzählen:
- Verwende **treffende Verben,** z. B. *durchwühlen* statt *suchen*.
- Nutze **abwechslungsreiche Satzanfänge** wie *Zunächst … / Anschließend … / Gerade noch rechtzeitig …*

8 **a Welches Wort wird in dem folgenden Text oft wiederholt? Markiere die Wiederholungen.**
b Ersetze die Wiederholungen durch treffende Verben im Präteritum, (z. B. *durchwühlte, kramte, durchstöberte*). Schreibe den überarbeiteten Text in dein Heft.

Zunächst suchte meine Schwester in verschiedenen Kisten, die im unaufgeräumten Keller standen. Dann suchte sie alle Taschen durch. Schließlich suchte sie sogar in der alten Truhe, in der die Sachen von unserer Uroma aufbewahrt werden. Endlich stieß sie bei ihrer Suche auf einen Umzugskarton, auf dem „Lenas Spielzeug“ stand.

9 **a Unterstreiche in dem folgenden Textausschnitt die Wiederholungen in den Satzanfängen.**
b Verbessere den Text in deinem Heft.

Dann erschien ein riesiges Monster an der Kellerwand. Dann schrie Lena: „Hilfe!“. Dann begann ich Geräusche zu machen wie in der Geisterbahn. Dann erschreckte Lena sich fürchterlich. Ich freute mich, dass es mir gelungen war, meine Schwester so zu ängstigen.

Methode **Gefühle und Gedanken ausdrücken**

- In einer Erzählung solltest du beschreiben, was die einzelnen Figuren denken, fühlen und wahrnehmen.
- Verwende **wörtliche Rede mit Redebegleitsätzen,** z. B.: *„Wo kann die Puppe nur sein?“, murmelte Lena.*

10 **Wer könnte in der Geschichte Folgendes denken oder sagen? Notiere die Aussagen mit Redebegleitsatz.**

A „Wo hat Mama bloß den Karton mit den Handpuppen hingestellt?“

B „Bestimmt hat sie doch ein wenig Angst!“

C „Ich hasse diesen schrecklichen Keller!“

D „Gleich muss ich die Taschenlampe anknipsen.“

Den Schluss schreiben und eine Überschrift formulieren

Methode **Im Schluss die Spannung auflösen**

- Im **Schluss** einer Geschichte soll die Spannung aufgelöst werden. Du kannst ...
  - den Ausgang der Geschichte erzählen und das **Erlebnis abschließen,**
  - am Schluss der Geschichte **Fragen offenlassen,**
  - auf die **Einleitung zurückgreifen,** sodass Einleitung und Schluss einen Rahmen bilden.
- Die **Überschrift** soll auf die Geschichte neugierig machen, aber noch nicht zu viel verraten.

11 **a Welche Erklärung (1) bis (3) passt zu welchem Schluss? Verbinde.**
b Kreise den Schluss ein, der dir besser gefällt.

A Von da an machte Lena nicht nur das Licht an, wenn sie ihr Zimmer betrat, sondern auch, wenn sie in den Keller ging.

B Eigentlich hatte Lena nur vorgehabt, schnell ihre Kasperlepuppe aus dem Keller zu holen. So aber wurde daraus ein nervenaufreibendes Erlebnis.

(1) Hier wird auf die Einleitung zurückgegriffen.

(2) Der Ausgang der Geschichte wird erzählt und das Erlebnis abgeschlossen.

(3) Hier werden Fragen offengelassen.

c Welche Frage könnte am Ende offengelassen werden? Notiere eine Idee.

____

12 **a Erzähle die vollständige Geschichte zu den Bildern auf Seite 7. Schreibe in dein Heft.**
b Ergänze im Heft eine Überschrift, die Interesse weckt und nicht zu viel verrät.

Die Erzählung überarbeiten

13 **Überarbeite deine Geschichte. Nutze dazu die folgende Checkliste.**

Checkliste

Spannend erzählen

		☺	😐	☹
Inhalt	▪ Wird erzählt, was vor, auf und nach den einzelnen Bildern passiert?	☐	☐	☐
	▪ Wird deutlich, was die Figuren sehen, hören, fühlen oder riechen?	☐	☐	☐
	▪ Erfährt man, was sie sagen und denken?	☐	☐	☐
Aufbau	▪ Hat die Geschichte eine passende Überschrift, die nicht zu viel verrät?	☐	☐	☐
	▪ Ist sie in Einleitung, Hauptteil und Schluss gegliedert?	☐	☐	☐
	▪ Werden in der Einleitung W-Fragen beantwortet und Schlingen ausgelegt?	☐	☐	☐
	▪ Steigern sich die Handlungsschritte bis zum Höhepunkt?	☐	☐	☐
Sprache	▪ Wurde wörtliche Rede eingebaut?	☐	☐	☐
	▪ Werden treffende Verben und anschauliche Adjektive verwendet?	☐	☐	☐
	▪ Wurde in der richtigen Zeitform (Präteritum) geschrieben?	☐	☐	☐

Eine Reizwortgeschichte schreiben

1 Lies die drei Reizwörter. Welche Ideen fallen dir zu ihnen ein? Notiere Stichworte.

2 Überlege dir Ideen für eine Geschichte, in der die Wörter *Gewitter, Ruderboot* und *Insel* vorkommen. Beantworte dazu die sechs Fragen stichwortartig.

A Wann spielt die Geschichte?	B Wo spielt die Geschichte?	C Wer kommt in der Geschichte vor?
D Was passiert in der Geschichte?	E Was geschieht am Höhepunkt?	F Wie endet die Geschichte?

3 Deine Geschichte soll im Präteritum stehen. Wähle fünf Verben aus dem folgenden Kasten und bilde mit ihnen fünf Sätze zur Geschichte im Präteritum.

schaukeln • treiben • fahren • dümpeln • kentern • untergehen • regnen • donnern • blitzen • prasseln

schaukeln: Das Boot schaukelte

Methode **Spannung erzeugen – Schlingen auslegen**

Eine Geschichte wird besonders spannend, wenn man **Schlingen** auslegt, um die Leser zu fesseln und sie auf die weitere Geschichte neugierig zu machen:

A Verrate nicht gleich, wie die Geschichte ausgeht. Mache nur **Andeutungen,** z. B.:
Als wir ankamen, ahnten wir nicht, dass der Ausflug eine überraschende Wende nehmen würde.

B **Wende** eine **harmlose Situation** so um, dass sie auf einmal **gefährlich** erscheint, z. B.:
Das Wasser war ganz ruhig und sie kamen gut voran. Plötzlich aber zog ein Gewitter auf.

C Lege **falsche Fährten** aus. Lass den Leser ein Problem vermuten, das es dann gar nicht gibt, z. B.:
Die Geschwister stritten sich häufig. Aber es war nicht ihr Streit, der die Kinder in Schwierigkeiten brachte.

4 a **Lies die beiden Einleitungen für eine Geschichte zu den drei Wörtern *Gewitter, Ruderboot, Insel*. Welche gefällt dir besser? Begründe darunter.**

A Jedes Jahr im September fuhr Familie Richter mit den Kindern Lena und Leo eine Woche zum Zelturlaub an einen See in Schweden. Weder Mücken noch Dauerregen konnten sie davon abhalten. Aber ...

B Wie immer besuchten die Geschwister Peter und Maria in den Herbstferien Oma und Opa in deren Haus am Meer. Viele Stunden verbrachten sie in Opas Ruderboot auf dem Wasser, angelten und dösten in der Sonne. Da das Boot schon alt war, drang manchmal Wasser ein. Aber das war nicht der Grund, warum die Kinder an einem Nachmittag in große Gefahr gerieten ...

Mir gefällt Einleitung ... besser, denn ______________________

____

b **Prüfe, wie die Leser in den Einleitungen A und B neugierig gemacht werden und welche Schlinge ausgelegt wurde. Kreuze richtige Aussagen an.**

Einleitung A	☐ Es werden Andeutungen gemacht.	☐ Eine harmlose Situation wendet sich in eine gefährliche.	☐ Eine falsche Fährte wird gelegt.
Einleitung B	☐ Es werden Andeutungen gemacht.	☐ Eine harmlose Situation wendet sich in eine gefährliche.	☐ Eine falsche Fährte wird gelegt.

5 a **Verfasse in deinem Heft eine spannende Reizwortgeschichte zu den Wörtern *Gewitter, Ruderboot, Insel*. Baue sie entsprechend der Lesefieberkurve (▶ S. 8) auf und lege in deiner Einleitung eine Schlinge. Nutze die folgenden Tipps:**

b **Formuliere eine passende Überschrift zu deiner Geschichte und zeichne ein Bild dazu. Du kannst auch im Internet nach einem geeigneten Bild suchen, es ausdrucken und einkleben.**

Eine spannende Geschichte untersuchen und fortsetzen

Der Vollmondwolf

Nach einem anstrengenden Tag lag Leo erschöpft in seinem Bett. An Schlafen war aber noch nicht zu denken, denn er wollte unbedingt diese spannende Geschichte in seinem Gespensterbuch zu Ende lesen. Sein Hund Max döste bereits an seinem Fußende, als Leo endlich zufrieden das Licht löschte. In diesem Moment ahnte er noch nicht, was er mitten in der Nacht erleben würde. Er träumte von Streifzügen durch dichte Wälder und über verschlungene Wege, die schließlich zu einer alten Burgruine führten. Er ging einen Weg entlang, der im Licht des Vollmonds gut zu erkennen war. Plötzlich hörte er ein Knacken hinter sich. Er erschrak. „Werde ich beobachtet und verfolgt?“, überlegte er und begann schneller zu laufen. Im nächsten Moment stockte ihm fast der Atem, als ein gefährliches Jaulen die Stille der Mondnacht durchbrach. Leo beeilte sich, um die Ruine zu erreichen, und rannte den Weg entlang, ohne auf Hindernisse zu achten. Da fiel er hin! Um ihn herum war alles dunkel, sodass er mit der Hand auf dem feuchten Waldboden nach Orientierung suchte. Auf einmal ertastete er etwas Weiches, das sich wie Fell anfühlte. „Was um Himmels willen ist das bloß?“, fragte er sich. Das Herz blieb ihm fast stehen! War er in dieser Vollmondnacht etwa einem gefährlichen Wolf begegnet? ...

1 **a Lies diesen Anfang der Geschichte und beantworte stichwortartig die folgenden drei W-Fragen.**

A Wann spielt die Geschichte? ______________________

B Wo spielt die Geschichte? ______________________

C Wer kommt in der Geschichte vor? ______________________

b Was passiert in dem Text? Notiere stichwortartig die Handlungsschritte.

1. liegt im Bett und liest

2. ______________________

c Markiere in Aufgabe 1 b den Handlungsschritt, der den Höhepunkt darstellt.

2 Lies den Textanfang auf Seite 13 noch einmal genau.

a Markiere ...
- die Textstelle in der Einleitung, an der eine Schlinge ausgelegt wurde,
- Formulierungen, die die Spannung steigern.

b Notiere vier Beispiele für abwechslungsreiche Satzanfänge mit Zeilenangabe.

3 Wie könnte die Geschichte „Der Vollmondwolf" ausgehen?

a Lies die folgenden Vorschläge und ergänze zwei eigene Ideen.

b Kreise die Idee ein, die du für deine Fortsetzung wählen möchtest.

Der Wecker klingelt.

Leo fällt aus dem Bett.

Max leckt Leo über die Hand.

Leo greift im Schlaf nach seinem Teddy.

Die Mutter kommt ins Zimmer.

4 Deine Fortsetzung muss im Präteritum stehen.

a Bilde zu den folgenden Verben die passenden Präteritumformen.

(1)		(2)	
stammeln	er	grübeln	er
stottern	er	ahnen	sie
jammern	Leo	denken	die Mutter
behaupten	der Junge	sich fragen	er
drohen	der Wolf	überlegen	sie

b Beschrifte die zwei Spalten (1) und (2) mit den passenden Überschriften: *Verben des Denkens / Verben des Sagens.*

5 Schreibe deine Fortsetzung der Geschichte „Der Vollmondwolf" ins Heft.

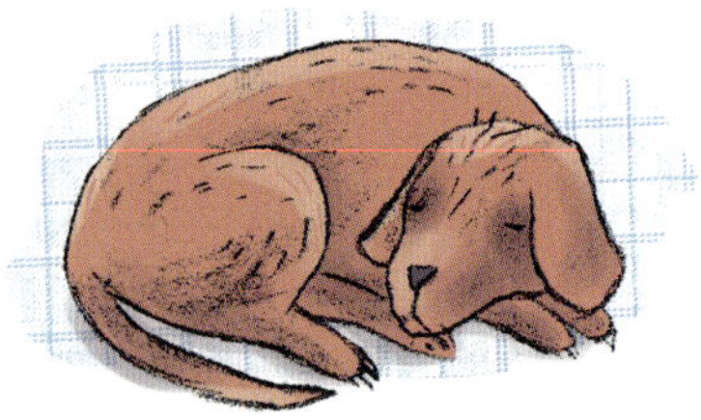

6 Was könnte der Hund Max in der gleichen Nacht geträumt haben? Schreibe eine kurze Erzählung aus der Sicht des Hundes ins Heft.

Tiere beschreiben – Haustiersuche

Einen Steckbrief schreiben

Methode **Einen Steckbrief zu einem Tier schreiben**

Einen Steckbrief zu einem Tier kannst du so aufbauen:
1. **Tierart, Name,** z. B.: *ist ein Zwergkaninchen, hört auf den Namen Flocke*
2. **Alter, Größe, Gewicht,** z. B.: *ist 1 Jahr alt, 25 cm lang, 1 kg schwer*
3. **Aussehen/Farbe** des Fells (des Gefieders, der Haut), z. B.: *hat weißes, dichtes Fell*
4. **Körperbau,** z. B.: *kräftig, mollig, hat einen kleinen Kopf*
5. **Verhalten,** z. B.: *ist sehr ruhig und anhänglich*
6. **Nahrung,** z. B.: *frisches Heu, Obst*
7. **besondere Merkmale,** z. B.: *verschmust, gut für Kinder geeignet*

Liebe Mitarbeiter des Tierheims,

weil wir für ein paar Jahre ins Ausland gehen, suchen wir für unser Zwergkaninchen „Flocke“ ein neues Zuhause.
Flocke ist ein Jahr alt. Sie ist recht klein (25 cm lang) und hat einen kompakten Körperbau. Auf dem molligen Körper sitzt ein ovaler Kopf mit schwarzen Knopfaugen. Flocke kann ihre schwarzen Löffel in alle Richtungen drehen, sodass sie alles mitkriegt, was um sie herum passiert. Ihr weißes Fell ist weich und flauschig. Auf dem Rücken und an den Seiten erkennt man schwarze Punkte. Flocke hat eine kleine Blume. Mit ihren vier kurzen Läufen wird Flocke bestimmt neugierig ihr neues Zuhause erobern. Sie frisst sehr gern frisches Heu, Obst und Gemüse. Einen Kaninchenkäfig können wir Flockes Gastfamilie mitgeben. Gern hoppelt Flocke durch die Wohnung. Man muss etwas aufpassen, dass sie nichts anknabbert. Flocke ist ganz lieb und macht kaum Arbeit. Sie ist verschmust und es tut uns sehr leid, dass wir sie nicht mit nach Australien nehmen können.
Wir hoffen sehr, über Ihr Tierheim ein freundliches neues Heim für Flocke zu finden.
Ein Foto von Flocke hängen wir an.

1 **a Notiere, welches Tier mit der E-Mail vermittelt werden soll:** ______________________
b Erkläre, warum sich die Familie an das Tierheim wendet.

Die Familie schreibt eine E-Mail an das Tierheim, weil ______________________

____

2 **Prüfe, ob du die Beschreibung des Tieres genau verstanden hast.**
Ordne die Begriffe den passenden Worterklärungen zu. Ziehe Verbindungslinien.

Begriffe:	**Worterklärungen:**
die Löffel (Z. 6)	getrocknetes Gras
die Läufe (Z. 10)	anderes Wort für Ohren
das Heu (Z. 11)	Schwanz
die Blume (Z. 9)	Bezeichnung für Beine und Pfoten

3 Das Tierheim will weiterhelfen und setzt einen Steckbrief von Flocke auf seine Website.

a Finde heraus, welche Informationen ein Tiersteckbrief enthalten muss. Ziehe Verbindungslinien.
Tipp: Manchmal passen auch mehrere Merkmale zu einer Frage.

Fragen:

Wie heißt das Tier?

Was für ein Tier ist es? → Rasse, Art

Was frisst das Tier?

Wie muss man das Tier halten?

Wodurch zeichnet sich das Tier besonders aus?

Wie alt ist es?

Wie sieht das Tier aus?

Informationen zu:

Name
Alter
Rasse
Größe
Fell
Beine und Pfoten
Art
Schwanz
Augen
Ohren
Futter
Haltung
besondere Kennzeichen

b Markiere in der E-Mail der Familie (▶ S. 15), welche Informationen sie dem Tierheim gibt.
Nutze die Farben von Aufgabe 3 a.

c Fülle den Steckbrief aus, den das Tierheim auf die Website setzen will.

Name: ____________________

Rasse: Zwergkaninchen

Futter: ____________________

Haltung: ____________________

____

Aussehen: ____________________

____

Größe: ____________________

Fell: ____________________

Beine und Pfoten: ____________________

Ohren: ____________________

Art: hasenartiges Tier

Alter: ____________________

Kopf: ____________________

Farbe: ____________________

Schwanz: ____________________

Augen: ____________________

Besondere Kennzeichen: verschmust, lieb

4 Verfasse im Heft einen Steckbrief für dein Haus- oder Lieblingstier.
Fertige auch eine Zeichnung dazu an.

Ein Tier genau beschreiben

1 **Beschrifte Flockes Bild mit den folgenden Fachbegriffen.
Ergänze jeden Fachbegriff durch mindestens ein passendes Adjektiv.**

Fachbegriffe
die Stirn, die Augen, die Nase, die Tasthaare, das Fell, die Wange, die Löffel, die Blume, die Läufe, der Rücken

Adjektive
kurz, gerade, groß, rund, weiß, schwarz, rosa, drehbar, dicht, voll, weich, plüschig, dick, breit, wollig, dünn, lang, klein, flauschig, aufrecht, glänzend, gepunktet

die Löffel: drehbar, aufrecht

2 **Florian hat auf der Website des Tierheims Flockes Steckbrief gelesen.
Beim Abendessen berichtet Florian seinen Eltern von seiner Entdeckung.**

Ich habe ein tolles Kaninchen im Netz gefunden!
Es hat superweiches Fell und es hat eine ganz süße Farbe. Die Augen und die Ohren sind besonders niedlich. Das Kaninchen ist nicht groß und auch nicht ganz klein und es ist ziemlich rund. Flocke heißt das Kaninchen, und es ist bald ohne Herrchen und Frauchen.

a **Können sich die Eltern nach Florians Beschreibung das Kaninchen gut vorstellen? Begründe kurz.**

b **Überarbeite Florians Beschreibung in deinem Heft. Nutze dabei folgende Verben und Satzanfänge:**

stoßen auf • sich anfühlen • schimmern • besitzen • lauten • verlieren

Auf der Homepage des Tierheims ... • Sein Fell ... • Die Augen ... • Es besitzt ... • Das Kaninchen ist ... • Sein Name ... • Es wird bald ...

Eine Suchanzeige verfassen

Methode **Eine Suchanzeige für ein Tier schreiben**

Eine Suchanzeige für ein Tier enthält Angaben zu Merkmalen, an denen man das Tier erkennen kann.

Aufbau
- Formuliere eine **Überschrift,** in der Tierart und Name des Tieres genannt werden, z. B.: *Papagei Bodo entflogen / Wer hat meinen Hund Nemo gesehen?*
- Schreibe einen **Einleitungssatz,** in dem steht, worum es geht, z. B.: *Am 3. Mai 2013 ist ... entflogen/entlaufen.*
- **Beschreibe** das Tier in einer sinnvollen Reihenfolge: Alter, Größe, Gewicht, Farbe, Kopf- und Körperform, besondere Auffälligkeiten, Verhaltensweisen.
- Nenne eine **Kontaktadresse** mit **Telefonnummer.**
- **Bedanke** dich am Schluss.

Sprache
- Verwende für die Beschreibung passende **Adjektive** für Farben und Körperformen.
- Verfasse die Suchanzeige im **Präsens** (▶ S. 53).

1 **Der Papagei Bodo ist entflogen. Verfasse eine Suchanzeige, die man im Stadtviertel an Bäumen aufhängen kann. Gehe so vor:**

a **Schau dir das Foto von Bodo an und lies die folgenden Informationen.**
b **Bringe die Informationen für die Suchanzeige in eine sinnvolle Reihenfolge.**
c **Vervollständige und beende die begonnene Suchanzeige in der rechten Spalte. Ergänze auch eine Überschrift.**

Informationen über Bodo	Suchanzeige
Nr. 5 Die Füße sind grau und haben schwarze Krallen.	*Seit Donnerstag (. .20) vermisse ich mein Haustier.*
Nr. ____ Er hat ein buntes Gefieder und ist ungefähr 30 cm groß.	
Nr. ____ Mein Papagei ist zwei Jahre alt und hört auf den Namen Bodo.	
Nr. ____ Besonders auffällig sind die langen blauen Schwanzfedern.	
Nr. ____ Bodos Kopffedern sind rot und der Schnabel ist schwarz-weiß.	
Nr. ____ Bitte melden Sie sich bei: ...	

Vorgänge beschreiben – Eine Katzenangel basteln

Methode **Einen Vorgang beschreiben** (z. B. Bastelanleitung)

In einer **Vorgangsbeschreibung** beschreibst du einen Vorgang so genau, dass ihn eine andere Person nachmachen kann. Vorgangsbeschreibungen sind z. B. Bastelanleitungen, Kochrezepte oder Spielanleitungen.
- Nenne am Anfang einer Vorgangsbeschreibung die **Materialien,** die für den Vorgang benötigt werden.
- Beschreibe anschließend die einzelnen **Schritte** des Vorgangs **sachlich und genau** und in der **richtigen Reihenfolge.**
- Wähle **Satzanfänge,** die die Reihenfolge der einzelnen Arbeitsschritte deutlich machen, z. B.: *Zuerst ..., Dann ..., Danach ..., Anschließend ..., Zum Schluss ...*
- Schreibe im **Präsens** (▶ S. 53).

1 Schau dir die nachfolgenden Abbildungen an. Beantworte in Stichworten:
- Welches Material benötigst du, um eine Katzenangel zu bauen?
- Welche Arbeitsschritte musst du erledigen?

1. Streichholz durchbrechen

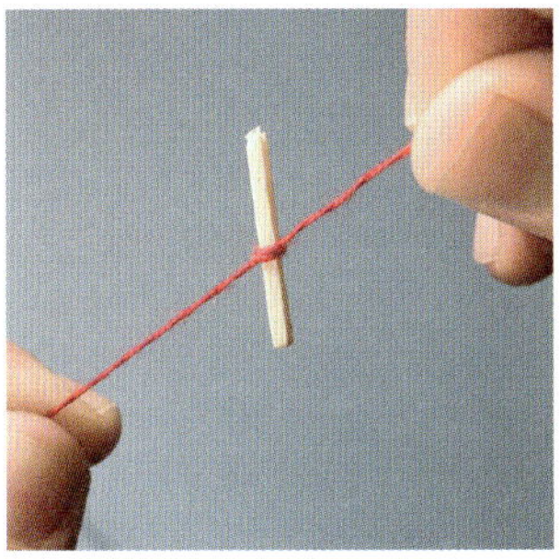

2. ______

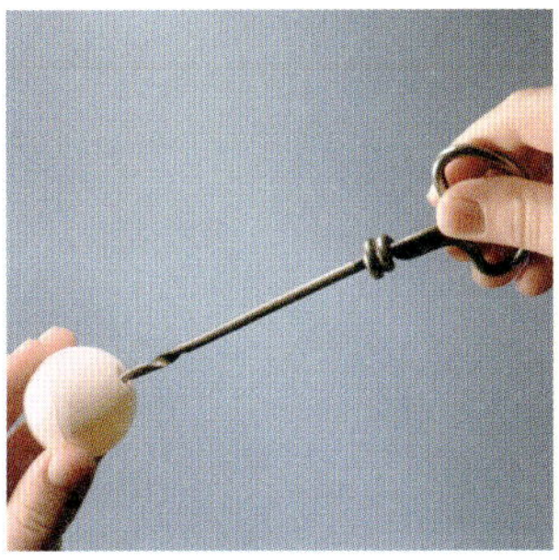

3. ______

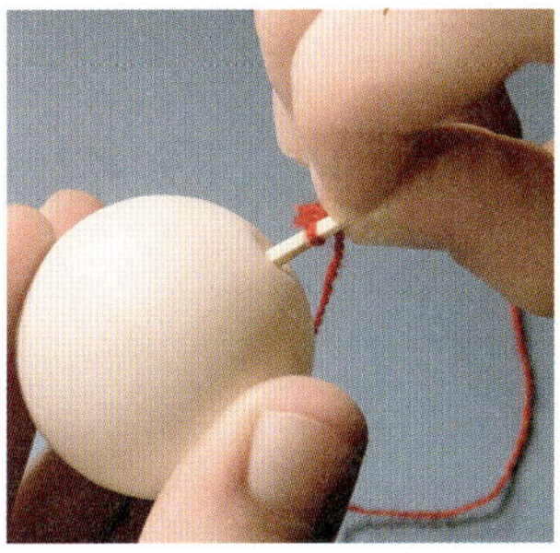

4. ______

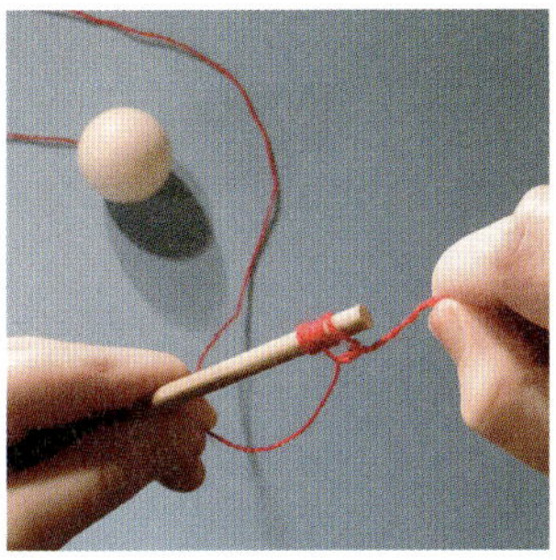

5. ______

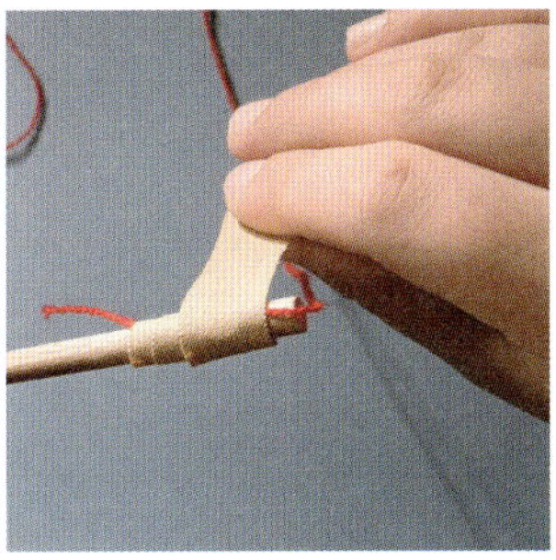

6. ______

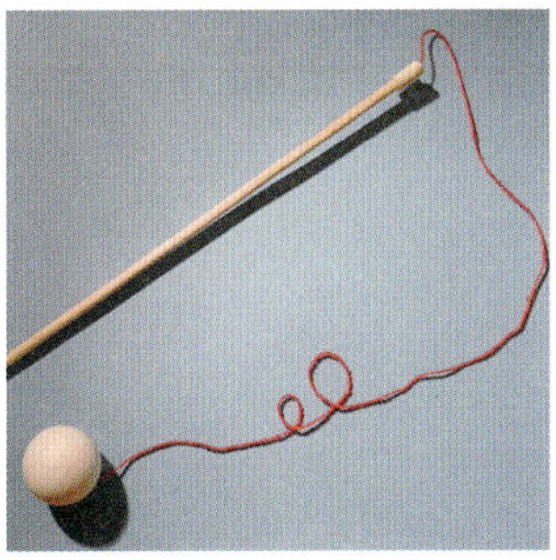

7. ______

2 **Schreibe die Bastelanleitung für eine Katzenangel.**
a **Streiche aus der Liste die Materialien und Werkzeuge, die du nicht zum Basteln einer Katzenangel benötigst.**
b **Vergleiche diese Liste mit deinen Notizen auf Seite 19.**

das Streichholz, die Säge, der Tischtennisball, der Luftballon, der kleine Handbohrer, die elektrische Bohrmaschine, der Kleber, die Schnur (ca. 1 Meter), das Gummiband, der Stock (ca. 1 Meter), das Klebeband, die Schere

c **Ordne die Arbeitsschritte in der richtigen Reihenfolge. Ergänze die fehlende Beschreibung.**

Reihenfolge	Arbeitsschritte
1	Zum Bau einer Katzenangel legt man einen Stock, eine Schnur, einen Tischtennisball, Klebeband, ein Streichholz, einen kleinen Handbohrer und eine Schere zurecht.
____	Anschließend bohrt man mit einem Handbohrer ein kleines Loch in den Ball, damit das Streichholz mit der festgeknoteten Schnur hindurchpasst.
____	Danach stopft man das kleine Hölzchen mit der angeknoteten Schnur ganz vorsichtig in den Tischtennisball und zieht die Schnur straff, sodass sich das Hölzchen im Ball quer stellt.
____	Zuerst bricht man von einem Streichholz die Spitze ab. Es sollte danach ungefähr so lang sein, wie der Tischtennisball dick ist.
____	____________________
____	Zum Schluss kann man die fertige Katzenangel ausprobieren.
____	Nun knotet man das andere Ende der Schnur an einen Stock.
____	Damit die Schnur nicht so leicht vom Stock abgeht, umklebt man sie mit Klebeband.

3 **Welche Wörter in der Beschreibung drücken die Reihenfolge aus? Markiere sie oben und schreibe sie heraus.**

zuerst, ____________________

____

4 **a** **Unterstreiche die Verben, die für die Vorgangsbeschreibung in Aufgabe 2c benutzt wurden.**
b **Schreibe die Verben in der Grundform (Infinitiv ▶ S. 50) in dein Heft.**

5 **Formuliere die Arbeitsschritte 1 bis 8 von Aufgabe 2c im Passiv.**
Verwende dazu die Passivformen aus dem Kasten und schreibe ins Heft.

werden zurechtgelegt • wird abgebrochen • wird festgeknotet • wird gebohrt • wird gestopft • wird gezogen • wird geknotet • wird umklebt • kann ausprobiert werden

Meinungen begründen – Fit in die Woche

Methode **Die eigene Meinung begründen**

- Wenn du andere von deiner Meinung überzeugen willst, musst du die Meinung begründen, z. B.:
  Wir sollten in der Schule Frühsport machen, **= die Meinung**
  denn dadurch werden wir fit für den ganzen Tag. **= die Begründung (das Argument)**
- Die Meinung und die Begründung sollten durch Verknüpfungswörter verbunden werden:
  – Nutze für deine **erste Begründung** (dein erstes Argument) die **Verknüpfungswörter** *denn, weil* oder *da*, z. B.: *Ich bin für Frühsport, weil wir dadurch fit für den ganzen Tag werden.*
  – Leite alle **weiteren Begründungen** (weiteren Argumente) mit Formulierungen ein, wie z. B.: *Außerdem … / Ein weiteres Argument ist, dass … / Man muss auch bedenken, dass … / Dafür spricht auch, dass …*

1 **In einer Schule wird das Thema „Mit Frühsport fit in die Woche" diskutiert.**

a **Lies die Aussagen der Klassensprecherinnen und Klassensprecher aller 5. Klassen. Markiere Äußerungen für Frühsport grün und Äußerungen gegen Frühsport blau.**

Wir sitzen den ganzen Tag.

Viele sind früh noch zu müde für Sport.

Sport ist gesund.

Sport steigert die Konzentration.

Bewegung macht munter.

Wir bewegen uns in der Pause schon genug.

Wir können Mannschaftsspiele im Freien machen.

Ich könnte anderen viele Übungen zeigen, die ich im Karate-Kurs gelernt habe.

Dann müssten wir noch früher aufstehen.

b **Ergänze zu den folgenden zwei Meinungen jeweils drei mögliche Begründungen. Nutze die Aussagen oben.**

A Ich bin für die Einführung von Frühsport, …

weil ______________________________

da ______________________________

denn ______________________________

B Ich bin gegen die Einführung von Frühsport, …

weil ______________________________

da ______________________________

denn ______________________________

2 **Formuliere deine Meinung zum Thema „Frühsport in der Schule" und begründe sie mit einem Argument.**

____

____

3 **Die Klassensprecher entscheiden sich für die Einführung von Frühsport und möchten ihr Ergebnis der Schulleitung in einem Brief mitteilen.**

a **Überlege, in welcher Reihenfolge du die drei Begründungen (Argumente) für Frühsport in dem Brief anführen würdest. Nummeriere sie in Aufgabe 1 b (▶ S. 21).**

b **Ergänze den folgenden Brief an die Schulleitung. Verknüpfe die drei Begründungen mit Formulierungen aus dem Kasten.**

Außerdem ... • Weiterhin ... • Ein weiteres Argument ist, dass ... • Man muss auch bedenken, dass ... • Ein weiterer Grund ist, dass ... • Dafür spricht auch, dass ...

Sehr geehrte Frau ..., / Sehr geehrter Herr ...,

bei einem Treffen der Klassensprecherinnen und Klassensprecher der 5. Klassen sind wir zu dem Ergebnis gekommen, dass wir gern montags die Schule mit Frühsport beginnen möchten.

Wir bitten Sie, das Programm „Mit Frühsport fit in die Woche" einzuführen, da

Wir würden uns freuen, wenn Sie uns bald eine Antwort auf unser Anliegen geben.

Mit freundlichen Grüßen

Klassensprecherinnen und Klassensprecher der 5. Klassen

4 **Kreise jeweils das passende Verknüpfungswort ein.**

A Ich bin gegen Frühsport, *weil / denn* ich fahre schon mit dem Fahrrad zur Schule.

B Ich bin für Frühsport, *denn / da* Sport mein Lieblingsfach ist.

C Ich bin gegen das Programm, *weil / denn* ich bereits zu Hause Frühsport mache.

D Meiner Meinung nach sollten wir täglich Frühsport machen, *da / denn* so werden wir richtig munter.

In einem offiziellen Brief Begründungen formulieren

Methode **Einen offiziellen Brief schreiben**

- Ein **offizieller Begründungsbrief** enthält folgende **Bausteine:**
  - **Briefkopf** (Ort und Datum) — *Bonn, den 26.06.20...*
  - **Anrede** (mit anschließendem Komma) — *Sehr geehrte Frau ..., / Sehr geehrter Herr ...,*
  - **Einleitung** (Ankündigung, worum es geht)
  - **Hauptteil** (deutlich formulierte Meinung und gut verknüpfte Begründungen) — **Meinung:** *Wir haben uns für/gegen ... entschieden.* **Begründungen:** *Aus folgenden Gründen finden wir ... gut/schlecht: ... Man muss bedenken, dass ... Außerdem glauben wir, dass ...*
  - **Schluss** (Wunsch/Vorschlag/Bitte) — **Bitte:** *Es wäre hilfreich, wenn Sie ...*
  - **Grußformel und Unterschrift** — *Mit freundlichen Grüßen*
- Die höflichen **Anredepronomen** *Sie, Ihr, Ihre, Ihnen* werden großgeschrieben.

1 **Einige Schülerinnen und Schüler sind gegen das Frühsport-Projekt. Sie wollen der Schulleitung ihre Meinung in einem Brief mitteilen.**

a Formuliere diese Meinung für den Brief an die Schulleitung. Nutze einen Satzanfang aus dem Kasten.

Unserer Meinung nach ... • Wir haben uns gegen ... entschieden. • Wir sind der Ansicht, dass ...

b Verknüpfe die drei folgenden Begründungen mit Hilfe der Formulierungen im Kasten.

Man muss bedenken, dass ... • Ein weiterer Grund dagegen ist, dass ... • Außerdem glauben wir, dass ...

A Wir denken, dass wir dann noch früher aufstehen müssten.

B Wir denken, dass wir im anschließenden Unterricht sehr erschöpft wären.

C Wir denken, dass Sport im Verein und nicht in der Schule getrieben werden sollte.

2 **Schreibe den vollständigen Begründungsbrief in dein Heft. Beachte die Hinweise im Merkkasten oben.**

Einen Begründungsbrief überarbeiten

1 Lies den folgenden Brief und markiere in unterschiedlichen Farben: Einleitung, Meinung, Begründungen, Schluss.

VORSICHT FEHLER!

Hallo, liebe Mitglieder der SV!

Jn der Pause habe ich auf dem Hof ein Gespräch zum Thema „Frühsport für alle" gehört. Eure Jdee gefällt mir sehr gut. Sport ist mein Lieblingsfach und deshalb finde ich es gut, wenn wir die Woche mit viel bewegung beginnen können. Und wir könnten vielleicht auch Sportspiele mit den Parallelklassen machen. Und ich würde es cool finden, wenn unsere Lehrer dabei mitmachen müssten. Die sitzen auch vil am Schreibtisch und in Konferenzen. Und durch das Toben beim Sport währe ich ruhiger im Deutschunterricht. Wann wird darüber entschieden? Wenn ihr noch Unterstützung braucht: Jch bin dabei!

Max (Klasse 5c)

2 a Überarbeite den Brief von Max mit Hilfe der Checkliste unten. Notiere Verbesserungsvorschläge neben den Brief. **Tipp:** Der Text enthält drei Rechtschreibfehler.
b Schreibe den überarbeiteten Brief sauber in dein Heft.

Checkliste

Einen Begründungsbrief schreiben

		☺	😐	☹
Aufbau und Inhalt	▪ Beginnt der Brief mit dem Briefkopf?	☐	☐	☐
	▪ Folgt eine Anrede mit Komma?	☐	☐	☐
	▪ Wird in der Einleitung gesagt, worum es geht?	☐	☐	☐
	▪ Wurde die Meinung deutlich formuliert?	☐	☐	☐
	▪ Werden mindestens zwei Begründungen für die Meinung genannt?	☐	☐	☐
	▪ Gibt es einen Schlusssatz?	☐	☐	☐
	▪ Stehen am Ende eine passende Grußformel und die Unterschrift?	☐	☐	☐
Sprache	▪ Wurden die Begründungen gut verknüpft und abwechslungsreiche Satzanfänge gewählt?	☐	☐	☐
	▪ Sind Rechtschreibung, Grammatik und Zeichensetzung korrekt?	☐	☐	☐

Einen Sachtext verstehen – Fernsehzeit

Methode **Die Fünf-Schritt-Lesemethode anwenden**

1. **Schritt:** Lies zuerst die **Überschrift** und betrachte die **Abbildungen** zum Text. Vermute, worum es in dem Text gehen könnte. Überlege, was du über dieses Thema bereits weißt.
2. **Schritt:** Lies den Text einmal zügig durch und verschaffe dir einen **Überblick** über den Inhalt. Bestimme das **Thema** des Textes.
3. **Schritt:** Lies den Text ein zweites Mal gründlich. Kläre **unbekannte Wörter** durch Nachdenken, Nachfragen oder Nachschlagen. Markiere oder notiere **Schlüsselwörter.**
4. **Schritt:** Gliedere den Text in **Sinnabschnitte** und formuliere zu jedem Abschnitt eine **Zwischenüberschrift.**
5. **Schritt:** Gib den **Inhalt des Textes** mit deinen eigenen Worten wieder.

Der Fernseheinkaufswagen

Gestresste Eltern können aufatmen. Der Einkaufswagen mit eingebautem Fernseher soll ihnen einen ruhigen Einkauf ermöglichen, indem er die Kinder ablenkt. Das Ding ist knallbunt, sieht aus wie ein Spielzeug-Lastwagen und steckt voller „Hightech“-Technologie, die Eltern von quengeligen Kleinkindern das Einkaufen leichter machen soll. Das sagt jedenfalls der Hersteller Cabco. Ein paar Hundert so genannte „TV-Karts“, Einkaufswagen für Kinder mit eingebautem Fernsehbildschirm, werden zurzeit im wichtigsten Supermarkt der Welt in den US-Bundesstaaten Texas, Nevada und Illinois getestet.

„Denken Sie mal an Ihre eigene Kindheit zurück“, so eine Cabco-Sprecherin im Radio. „Einkaufen war schon immer aufregend. Jetzt kann man dabei auch noch Filme gucken. Besser geht es nicht.“ Auf einem Chip im Einkaufswagen sind Trickfilme gespeichert, die bei Kindern besonders beliebt sind. Diese Filme garantieren zwei Stunden Programm. Die durchschnittliche Einkaufstour in Amerika dauert aber nur 58 Minuten. Der Fernseheinkaufswagen soll die Einkaufszeit verlängern und Extraeinnahmen bringen. „Wenn die Kinder ruhiggestellt sind, dann fühlen sich die Kunden einfach wohler im Laden“, wirbt Hersteller Cabco im Internet. „Und sie geben durchschnittlich pro Einkauf sechs Dollar mehr aus.“ Sieben, um genau zu sein. Denn die „Konsumkarre“ muss vom Kunden für einen Dollar gemietet werden.

Die Sache kommt anscheinend gut an. „Was ist schon ein Dollar, wenn man den Kleinen nicht

mehr dauernd auf die Finger klopfen muss“, meint eine begeisterte Mutter. Ihr Sohn sitzt im Wagen und guckt fern, anstatt in die Regale zu grabschen. Die Erfindung liegt ganz im US-Trend. Hier gibt es kaum noch eine Arztpraxis ohne Fernseher für Kinder. Und in immer mehr Familienautos hängen Flachbildschirme von den Decken, auf denen die Kinder von Disney-Filmen hypnotisiert werden.

Natürlich gibt es auch warnende Stimmen. Psychologen fürchten, dass Kinder davon verstört werden könnten und sie irgendwann das ganze Leben für einen Trickfilm halten. Doch nur wenige Eltern machen sich solche Sorgen. Sie denken eher wie dieser Opa, der zum ersten Mal entspannt einkauft, obwohl er seinen Enkel dabeihat: „Endlich ist er ruhig“, sagt er. „Dieser Einkaufswagen ist die beste Idee aller Zeiten.“

1. Schritt: Vermutungen zum Text anstellen

1 a **Lies die Überschrift des Textes auf Seite 25 und betrachte das Bild. Notiere in einem Satz, worum es in diesem Text gehen könnte.**

Vermutlich geht es in dem Text ______________________________

____

b **Was interessiert dich an diesem Thema? Was würdest du gern darüber wissen? Notiere Fragen.**

____

2. Schritt: Den Text zügig lesen und das Thema bestimmen

2 a **Worum geht es in dem Text? Lies den Text einmal zügig durch und kreuze die richtige Aussage an.**

- [ ] A In dem Text geht es darum, in welchen Ländern Fernseheinkaufswagen eingesetzt werden sollen.
- [ ] B Der Text berichtet darüber, wie Eltern den Einkaufswagen mit eingebautem Fernseher finden.
- [ ] C Im Text werden die Erfindung des Fernseheinkaufswagens vorgestellt und Vor- und Nachteile erläutert.
- [ ] D Der Text erklärt, wie ein Fernseheinkaufswagen technisch funktioniert.

b **Welche von deinen Fragen werden im Text beantwortet? Markiere in Aufgabe 1 b.**

3. Schritt: Den Text genau lesen und Schlüsselwörter markieren

3 a **Unterstreiche die Wörter im Text, die du nicht verstehst.**
b **Versuche unbekannte Wörter durch Nachdenken zu klären. Erkläre die Bedeutung der folgenden Begriffe und kläre einen weiteren, den du unterstrichen hast.**

A Einkaufstour (Zeile 21): Ein anderes Wort für „Tour" ist „Fahrt", also ist eine Einkaufstour eine Fahrt, bei der man einkauft.

B Extraeinnahmen (Zeile 24): ______________________________

____

C Konsumkarre (Zeile 29–30): ______________________________

____

D ______________ *(Zeile* ____ *):* ______________________________

____

4 a **Im ersten Abschnitt wurden Schlüsselwörter hervorgehoben. Welche Wörter sind zu viel markiert? Notiere.**

____

b **Markiere auch in den weiteren Abschnitten die Schlüsselwörter.**

4. Schritt: Den Text in Sinnabschnitte gliedern und Zwischenüberschriften suchen

5 a **Gliedere den Text in vier Sinnabschnitte. Ziehe nach jedem Abschnitt eine Linie.**
b **Ordne den ersten drei Sinnabschnitten die folgenden Zwischenüberschriften zu.**

A Fernsehen erleichtert das Leben der Eltern — Abschnitt: ____

B Aussehen und Funktion des Fernseheinkaufswagens — Abschnitt: ____

C Durch Trickfilme längere Einkaufszeiten und größerer Gewinn — Abschnitt: ____

c **Formuliere eine Zwischenüberschrift für den letzten Textabschnitt.**

____ Abschnitt: 4

5. Schritt: Den Inhalt wiedergeben

6 **Beantworte stichwortartig die folgenden Fragen zum Text und notiere jeweils die passende Zeilenangabe.**

A Wo wird der neue Einkaufswagen getestet?

____

B Was ist das Besondere an diesem Einkaufswagen?

____

C Warum finden viele Eltern den Einkaufswagen gut?

____

7 **Ergänze die folgende Zusammenfassung des Textes „Der Fernseheinkaufswagen".**

Jn dem Text „ ____ " geht es um eine neue Erfindung, die

____

____

Der Einkaufswagen soll dabei helfen, dass ____

____

Während die Eltern sie im Wagen durch den Laden schieben, können die Kinder ____

____

Viele Eltern finden den Wagen ____

Experten warnen jedoch davor, dass ____

____

Ein Flussdiagramm zu einem Sachtext anfertigen

Methode **Ein Flussdiagramm anfertigen**

Ein **Flussdiagramm** bildet **Zusammenhänge** oder **Abläufe** anschaulich ab.
- Notiere wichtige Informationen in Stichworten untereinander und umrahme sie. Die Reihenfolge der Informationen im Flussdiagramm entspricht in der Regel ihrer Reihenfolge im Text.
- Veranschauliche die Reihenfolge und die Zusammenhänge der Informationen durch Pfeile.

1 **Vervollständige das folgende Flussdiagramm zum Sachtext „Der Fernseheinkaufswagen" (▶ S. 25).**

Die neue Erfindung

sieht aus wie …

- Spielzeuglastwagen mit „Hightech-Technologie"

Er wird derzeit getestet in …

Es gibt ihn, weil … / Er wurde erfunden, um …

-
-
-

Positive Reaktionen

Negative Reaktionen

2 **Übe mit Hilfe des Flussdiagramms einen kurzen Vortrag zum Thema Fernseheinkaufswagen ein.**

Ein Diagramm verstehen

Methode **Ein Diagramm verstehen**

In **Diagrammen** werden Angaben (z. B. Mengen oder Zeiten) bildlich dargestellt.
So kannst du Diagramme entschlüsseln:

1. **Schritt: Betrachte** das Diagramm genau. Lies die Überschrift und alle Angaben.
2. **Schritt: Untersuche** das Diagramm:
   Welche Angaben werden gemacht? Wofür stehen die Zahlen? Welche Informationen werden gegeben?
3. **Schritt: Werte** das Diagramm **aus.**
   Vergleiche dazu die verschiedenen Angaben und notiere, was dir dabei auffällt.

Thema:

Darfst du nach 21 Uhr fernsehen?

Umfrageergebnisse der Klasse 5b einer Bonner Gesamtschule

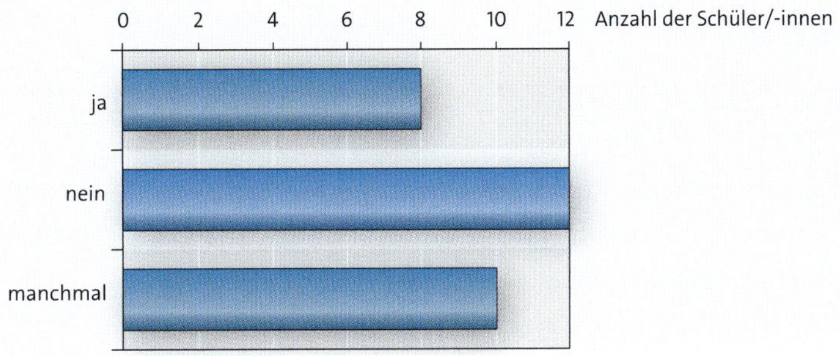

1 **Lies die Überschrift und betrachte das Balkendiagramm. Worüber informiert es? Kreuze an.**

☐ A Das Diagramm informiert über Lieblingssendungen von Schülern.

☐ B Das Diagramm informiert über Kindersendungen nach 21 Uhr.

☐ C Das Diagramm informiert darüber, wie viele Schüler nach 21 Uhr fernsehen dürfen.

2 **Untersuche das Diagramm genauer. Beantworte die folgenden drei Fragen stichwortartig.**

A Welche Personen wurden bei dieser Umfrage gefragt? ____________________

B Wofür stehen die Zahlen im Diagramm? ____________________

C Um welches Medium ging es bei dieser Umfrage? ____________________

3 **Korrigiere die folgenden Aussagen zum Diagramm und schreibe sie richtig auf.**

A Nach 21 Uhr dürfen 8 von 30 Schülerinnen und Schüler manchmal noch fernsehen.

____

B 10 Schüler sehen nach 21 Uhr nie fern.

____

C Die meisten Schüler dürfen nach 21 Uhr immer fernsehen.

____

4 **Wie ist deine Meinung zu dem Thema? Sollten Schüler nach 21 Uhr noch fernsehen dürfen? Formuliere deine Meinung im Heft.**

Schelmengeschichten lesen und verstehen – Eulenspiegel und Nasreddin

Information **Schelmengeschichten – Wann lacht man über wen?**

- Eine Schelmengeschichte ist eine **kurze, lustige Erzählung.** Sie handelt von einem **außergewöhnlichen und komischen Ereignis** oder einem **Streich.**
- Es gibt einen **lustigen Höhepunkt.** Dabei legt meistens ein äußerlich Schwächerer einen Stärkeren herein und erteilt ihm eine Lehre.
- Die **Hauptfigur** ist ein **Schelm** oder ein **Narr,** manchmal auch ein Betrüger. Sie spielt Streiche, um Menschen zum **Lachen** zu bringen oder um **menschliche Schwächen** wie Dummheit oder Geiz bloßzustellen.

Hermann Bote

Wie Eulenspiegel in einem Karren voller Erde saß

Mit seinen Streichen und Dummheiten hatte sich Till inzwischen nicht nur Freunde, sondern auch viele Feinde gemacht. Manch ein deutscher Fürst verbot ihm, jemals wieder sein Land zu betreten, und drohte ihm mit dem Galgen. Doch das wollte Till nicht so recht einsehen. Und manchmal blieb ihm auch gar nichts anderes übrig, als ein „verbotenes“ Land zu betreten, wollte er auf kürzestem Wege in ein anderes gelangen.

Auch der Herzog von Lüneburg war nicht gut auf Till zu sprechen und hatte ihm sogar mit dem Tode gedroht, sobald er ihm unter die Augen käme. Till musste sich also etwas einfallen lassen, als er durchs Lüneburger Land ziehen wollte: Einerseits hatte er keine Lust, einen Umweg zu machen, andererseits wollte er nicht am Galgen enden.

So kaufte er sich ein Pferd und einen Karren. In der Nähe von Celle traf er auf einen Bauern, der seinen Acker bestellte. Till fragte den Bauern, ob der Acker sein Eigentum sei, und der Bauer sagte: „Ja, ich habe ihn geerbt.“ Da bat Eulenspiegel den verdutzten Bauern, ihm für einen Schilling einen Karren voll Ackererde zu verkaufen. Der Bauer nahm das Geld und Till warf seinen Karren voll mit Erde. Dann buddelte er sich in die Erde hinein, bis nur noch sein Kopf und die Arme herausguckten. So fuhr er los und kam bald an der Burg von Celle vorbei, wo der Herzog von Lüneburg residierte. Es dauerte nicht lange, da traf Till auch schon auf den Herzog, der ausgeritten war.

Als der Herzog nun Eulenspiegel entdeckte, der ganz und gar in der Erde steckte wie eine Blumenzwiebel, sprach er: „Eulenspiegel, ich habe dir verboten, mein Land zu betreten. Komm aus dem Erdreich heraus, ich will dich hängen lassen.“ Eulenspiegel aber entgegnete: „Wie kommt Ihr darauf, dass ich in Eurem Land bin? Ich sitze in meinem Land, das ich ehrlich erworben habe von einem braven Bauern, der es rechtmäßig geerbt hat.“

Dem Herzog blieb bei dieser Antwort vor Staunen der Mund offen stehen. Dieser unnütze Einfaltspinsel hatte es tatsächlich geschafft, ihn zu überlisten! Da fiel ihm nichts Besseres mehr ein, als Till so schnell wie möglich zum Teufel zu jagen. „Fahr hin in deinem Land!“, befahl er. „Und lass dich hier nie wieder blicken – weder auf meiner Erde noch auf deiner. Sonst endest du endgültig am Galgen, samt Pferd und Wagen.“ Da machte Eulenspiegel, dass er schnell aus der Erde herauskam, sprang auf sein Pferd und galoppierte davon.

1 **Worum geht es in der Geschichte? Kreuze die richtigen Aussagen an.**

- ☐ A In der Geschichte geht es um den Verkauf des Herzogtums Lüneburg.
- ☐ B Die Geschichte handelt von einem Bauern, der Till ein Pferd und einen Wagen verkaufen will.
- ☐ C Die Geschichte erzählt von Till Eulenspiegel, der dem Herzog von Lüneburg einen Streich spielt.
- ☐ D In der Geschichte geht es um die Freundschaft zwischen dem Herzog von Lüneburg und Till.
- ☐ E In der Geschichte gelingt es Eulenspiegel, durch Lüneburg zu reisen, ohne gehängt zu werden.

2 **Was bedeuten die folgenden Wörter A bis G?**

a **Markiere sie im Text (▶ S. 30) und denke über ihre Bedeutung nach.**

b **Verbinde sie mit der passenden Umschreibung.**

A Lüneburg (Zeile 10)	überrascht, verwirrt, verblüfft
B der Karren (Zeile 17)	Stadt in Niedersachsen, im damaligen Herzogtum Lüneburg
C Celle (Zeile 18)	Geld, Währung
D verdutzt (Zeile 21)	ehrlich, korrekt
E der Schilling (Zeile 22)	Stadt in Niedersachsen, außerhalb des Herzogtums Lüneburg
F rechtmäßig (Zeile 41)	Narr, Dummkopf
G der Einfaltspinsel (Zeile 43–44)	Pferdewagen

3 **Was passiert in der Geschichte? Ordne die folgenden Handlungsschritte. Trage dazu die Buchstaben in der richtigen Reihenfolge in den Zeitstrahl ein. Tipp: Sie ergeben ein Lösungswort.**

R Till kauft unterwegs Ackererde und belädt damit seinen Pferdekarren.
D Nun möchte der Schelm wieder das Land durchqueren.
E Er setzt sich in seine Ackererde und fährt in das für ihn verbotene Land.
E Till hatte im Herzogtum Lüneburg Streiche gespielt und Dummheiten gemacht.
H Eulenspiegel verteidigt sich damit, dass er auf seinem „eigenen" Land säße.
R Der Herzog von Lüneburg hatte Till mit der Todesstrafe gedroht und ihn des Landes verwiesen.
I Der Schelm begegnet dem Herzog.
C Der Herzog klagt Till an, gegen das Einreiseverbot verstoßen zu haben.

4 **Wie würdest du die Hauptfigur Till beschreiben?**

a **Unterstreiche Adjektive im Kasten, die zu Till passen.**

witzig • langweilig • klug • einfallslos • sportlich • verstört • verwirrt • schelmenhaft • komisch • gewitzt • schlau • uninteressiert • dumm • clever • geizig • eitel • schwach • klein • aggressiv • brav • ängstlich • lieb • schlampig • faul • einfach • fleißig • ideenreich • gerissen • groß • stark

b **Belege eine oder zwei Eigenschaften mit einer passenden Textstelle.**

Till Eulenspiegel ist ______________________________ *, denn* ______________

____

______________________________ *(siehe Zeile* ___ *-* ___ *).*

5 **a** **Wodurch wirkt die Geschichte lustig? Kreuze zutreffende Aussagen an.**

- [ ] A Eine schwache Figur legt eine stärkere Figur herein.
- [ ] B Eine Aussage wird wörtlich genommen.
- [ ] C Die Überschrift klingt lustig.
- [ ] D Es werden lustige Wörter und Formulierungen verwendet.
- [ ] E Eine ungewöhnliche Situation wird dargestellt.
- [ ] F Eine Figur missversteht eine Aussage absichtlich.

b **Wähle eine angekreuzte Aussage aus und begründe sie im Heft.**

Die Geschichte bringt Leser zum Lachen, denn … / Witzig ist die Stelle, an der …

Eine komische Geschichte nacherzählen

Methode **Eine Geschichte nacherzählen**

- Halte die **Reihenfolge der Ereignisse** (der Handlungsschritte) ein. Erfinde nichts Neues dazu.
- Verwende möglichst deine **eigenen Worte.**
- Baue **wörtliche Rede** ein, um die Gedanken und Gefühle der Figuren mitzuteilen, z. B.: *„Ich kann das nicht glauben!“, rief Nasreddin.*
- Verwende abwechslungsreiche **Satzanfänge** und schreibe im **Präteritum.**

Paul Maar

Das fliegende Kamel

Ein andermal hielt Nasreddin tatsächlich eine Predigt. Es war das erste Mal, dass er predigte, und er hatte sich auch nicht besonders gut vorbereitet. Als er nach einer Weile von der Kanzel sah, bemerkte er, dass viele Zuhörer gähnten und einige sogar eingeschlafen waren.
Nasreddin war wütend, ließ sich das aber nicht anmerken und erzählte laut: „Gestern schwamm ich auf dem Rücken eines riesigen Fisches über den großen See in der Wüste. Da kam ein Kamel geflogen, das ließ sich neben mir nieder, um ein wenig auszuruhen. Ich ergriff die Gelegenheit, schwang mich auf seinen Rücken, nahm die Zügel in beide Hände und flog mit ihm immer höher in den Himmel hinauf. Leider kam ich zu nahe an einen Stern und blieb an einem seiner Zacken hängen. Das Kamel flog weiter, aber mein Mantel hatte sich so fest an der Sternspitze verfangen, dass ich vom Kamelrücken gezogen wurde und hängen blieb. Und da hänge ich noch heute ...“
Als das die Leute hörten, rissen sie Mund und Augen auf und lauschten verblüfft Nasreddins seltsamer Erzählung. Nasreddin rief: „Was seid ihr nur für Gläubige! Wenn ich eine gute Predigt halte, schlaft ihr ein. Wenn ich aber Lügen erzähle, wacht ihr auf und hört mir zu!“

1 **Worum geht es in der Schelmengeschichte „Das fliegende Kamel“? Beende den Satz.**

Die Geschichte „Das fliegende Kamel“ handelt von dem Schelm Nasreddin, der ______________________

____

2 **Was denkt Nasreddin an welcher Stelle im Text? Ordne den Gedanken die passenden Textstellen zu.**

A Hoffentlich merken die Leute nicht, dass ich mich gar nicht vorbereitet habe!

Zeile ____________ bis ____________

B Wie unverschämt von den Leuten, dass sie mir nicht zuhören! Jetzt werde ich ihnen mal eine schöne Lüge präsentieren. Mal sehen, ob sie es merken.

Zeile ____________ bis ____________

C Na, so was! Erzähle ich die Wahrheit, dann schlafen die Leute, erzähle ich eine Lüge, dann wachen sie auf!

Zeile ____________ bis ____________

3 a **Untersuche den Aufbau der Geschichte.**
Notiere die Handlungsschritte aus dem Kasten in der richtigen Reihenfolge.

Publikum reagiert überrascht • Nasreddin erfindet Lügengeschichte mit fliegendem Kamel • Zuhörer langweilen sich • Nasreddin hält Predigt • Nasreddin ist empört

1 *Nasreddin hält Predigt (hielt)*

2

3

4

5

b **Die Nacherzählung soll im Präteritum stehen. Markiere die Verben in den Handlungsschritten und notiere die Präteritumform in Klammern dahinter.**

4 **Beim Nacherzählen sollst du möglichst eigene Worte verwenden.**
Formuliere die folgenden Sätze aus der Geschichte mit Hilfe der vorgegebenen Verben um.

A „Ein andermal hielt Nasreddin tatsächlich eine Predigt.“ (Zeile 1–2) – *als Geistlicher reden*

B „... er hatte sich auch nicht besonders gut vorbereitet.“ (Zeile 3–5) – *nicht planen*

C „... bemerkte er, dass viele Zuhörer gähnten und einige sogar eingeschlafen waren.“ (Zeile 6–7) – *nicht zuhören / die Augen schließen*

5 **Erzähle die Geschichte „Das fliegende Kamel“ schriftlich im Heft nach.**
Achte dabei auf die Hinweise im Merkkasten auf S. 32 und verwende Satzanfänge aus dem Kasten.

Zunächst ... • Zuerst ... • Während ... • Als ... • Daraufhin ... • Schließlich ... • Zuletzt ...

6 **Überprüfe deine Nacherzählung mit Hilfe der folgenden Checkliste.**

Checkliste

Eine Geschichte nacherzählen

	☺	😐	☹
■ Hast du die **Reihenfolge der Handlungsschritte** eingehalten?			
■ Hast du mit **eigenen Worten** nacherzählt und **wörtliche Rede** verwendet?			
■ Hast du auf **abwechslungsreiche Satzanfänge** geachtet?			
■ Steht deine Nacherzählung im **Präteritum?**			

Ein Märchen fortsetzen – Wundersame Begegnungen

Methode **Ein Märchen fortsetzen**

Um ein **Märchen** weiterzuschreiben, solltest du den vorgegebenen Anfang genau lesen und verstehen.
- Achte darauf, dass deine Fortsetzung gut zum **Anfang des Märchens** passt (Figuren, Ausgangssituation).
- Lass **typische Märchenfiguren** (z. B. Hexe, Zauberer, Prinz oder sprechende Tiere) auftreten.
- Erzähle, wie die Hauptfigur (z. B. die Bauerstochter) **Aufgaben erfüllt** oder **Prüfungen besteht.**
- Beschreibe **magische Orte** (z. B. eine Drachenhöhle) oder **Gegenstände** (z. B. eine goldene Feder).
- Verwende **besondere Zahlen** wie 3, 7 oder 12 (z. B. 3 Prüfungen, 7 Freunde, 12 Ringe).
- Lass das Märchen **gut enden.**
- Formuliere einen **typischen Schlusssatz** wie: *Und wenn sie nicht gestorben sind, dann ...*
- Erzähle in der Zeitform **Präteritum** (▶ S. 57).

Die hilfsbereite Bauerstochter

Es war einmal eine arme Bauerstochter. Sie hieß Annabel. Annabel war sehr hübsch und lebte mit ihren Eltern in einem alten Bauernhaus. In der Nähe dieses Hauses befand sich das Schloss des mächtigen Königs Theobald, der drei Söhne hatte.
An einem sonnigen Morgen ging das Mädchen zum Fluss, um die Wäsche zu waschen. Dort saß zu ihrem großen Erstaunen Hubertus, der älteste Sohn des Königs. Er war verletzt und wusch seine Wunden. Annabel wusste, wie man mit Kräutern Wunden heilen konnte, und half Hubertus in seiner Notlage.

Als der König von ihrer Hilfe erfuhr, lud er die Bauerstochter in sein Schloss ein und sprach zu ihr: „Ich bin dir sehr dankbar, dass du Hubertus geholfen hast. Wenn du so geschickt in der Kräuterkunde bist, kannst du sicher auch meinen jüngsten Sohn, Heinrich, heilen. Er ist bereits vor langer Zeit erkrankt und hat hohes Fieber. Wenn es dir gelingt, ihm zu helfen, dann sollst du drei Wünsche frei haben.“ Annabel konnte ihr Glück kaum fassen ...

1 **Um einen Text fortzusetzen, solltest du den Inhalt gut kennen. Lies den Anfang und beantworte die Fragen.**

A Weshalb wird Annabel in das Schloss des Königs eingeladen?

____

B Woran leidet Heinrich?

____

C Wie reagiert Annabel auf die Aufforderung des Königs?

____

2 **Der König verspricht Annabel die Erfüllung von drei Wünschen. Was könnte sich das Mädchen wünschen? Wähle aus und ergänze.**

☐ ewige Jugend	☐ Unsterblichkeit	______________
☐ ein Kind	☐ ein eigenes Königreich	______________
☐ den Prinzen als Mann	☐ Reichtum	______________

3 **Schreibe das Märchen in deinem Heft zu Ende. Beachte dabei die Hinweise im Merkkasten oben.**

Ein Märchen nach einem Schreibplan fortsetzen

Die magische Feder

Es war einmal ein kleiner Junge, der hieß Joshua. Irgendwann hatte er aufgehört zu wachsen. Alle machten sich große Sorgen um ihn, weil er so winzig und schwach war. Eines Tages fand Joshua, als er im Wald spielte, eine lange, goldene glänzende Feder. Er nahm sie mit nach Hause und legte sie auf den alten Holztisch in seiner Kammer.

Am nächsten Morgen stellte er verwundert fest, dass die Feder ihm eine Aufgabe auf ein Blatt Papier geschrieben hatte …

1 **Lies den Märchenanfang und unterstreiche alle Angaben zur Hauptfigur grün und zu den Handlungsorten blau.**

2 **Sammle Ideen, wie das Märchen weitergehen könnte. Notiere deine Ideen stichwortartig.**

A Wie könnte die Aufgabe auf dem Blatt lauten?

B Was erlebt Joshua?

C Wie endet das Märchen?

3 **Lege einen Schreibplan für die Fortsetzung des Märchens an. Wähle aus und ergänze.**

Figuren im Märchen:

Orte im Märchen: Wald, …

Gegenstände im Märchen:

Fortsetzung: Handlungsschritte
- Welche Aufgabe wird gestellt?
- Wie schafft es die Figur, die Aufgabe zu erfüllen?
- Welche Schwierigkeiten gibt es?

☐ Joshua muss eine Prüfung bestehen.
☐ Joshua soll seltene Kräuter sammeln und essen.
☐ Joshua soll jemanden befreien.

Schluss/Schlusssatz:

4 **a Lies die folgende Fortsetzung des Märchens und ergänze märchenhafte Adjektive.**

Joshua sollte einen ______________ Fasan aus einer Höhle befreien. Dabei begegnete er einem ______________ Zwerg und unterhielt sich mit ihm. Der Zwerg hatte die ______________ Feder geschickt, denn er brauchte einen ______________ Helfer, um den Weg zur Höhle zu finden und den Fasan zu befreien. Joshua half dem ______________ Zwerg. Zum Dank versprach der Zwerg, dass nach drei Tagen etwas Gutes passieren würde.

b An welcher Stelle könntest du ein Gespräch zwischen Joshua und dem Zwerg ergänzen? Markiere im Text.

c Was könnten Joshua und der Zwerg an der markierten Stelle zueinander sagen? Schreibe das Gespräch in wörtlicher Rede auf. Setze dabei auch die Anführungszeichen („ /“).

Der Zwerg sagte zu Joshua: ______________

____

Joshua antwortete: ______________

____

5 **Die Märchenfortsetzung wird im Präteritum verfasst. Bilde zu den folgenden Verbformen die Präteritumformen.**

Präsens	Präteritum	Präsens	Präteritum
sie schreibt	*sie schrieb*	sie denken	______
er läuft	______	er murmelt	______
er bittet	______	er verspricht	______

6 **Übertrage den Anfang des Märchens von Seite 35 in dein Heft und schreibe die Fortsetzung.**

7 **Überarbeite dein Märchen mit Hilfe der folgenden Checkliste.**

Checkliste

Ein Märchen fortsetzen

	☺	😐	☹
▪ Passt die Fortsetzung zum **Anfang des Märchens** (Figuren, Ausgangssituation)?	☐	☐	☐
▪ Muss die Hauptfigur **Aufgaben erfüllen** oder **Prüfungen bestehen?**	☐	☐	☐
▪ Gibt es in deinem Märchen **magische Orte, Gegenstände und Zahlen?**	☐	☐	☐
▪ Siegt am **Ende** das Gute? Wird das Böse bestraft?	☐	☐	☐
▪ Gibt es einen typischen **Schlusssatz?**	☐	☐	☐
▪ Hast du **wörtliche Rede** und **anschauliche Adjektive** verwendet?	☐	☐	☐
▪ Hast du als Zeitform das **Präteritum** gewählt?	☐	☐	☐

Ein Gedicht untersuchen und vortragen – Die Krabbe

Methode **Ein Gedicht untersuchen und vortragen**

Um ein Gedicht zu verstehen und gut vortragen zu können, musst du es zuvor genau untersuchen.

Ein Gedicht untersuchen

- Bestimme die Anzahl der **Strophen und Verse:**

Einen Abschnitt im Gedicht nennt man Strophe.
Eine Strophe besteht aus mehreren Versen.
Die Wörter am Ende der Verse reimen sich oft.

- Untersuche den **Reim:**
  Folgende Reimformen kannst du bei den Endreimen unterscheiden:
  – Paarreim: aabb
  – Kreuzreim: abab
  – umarmender Reim: abba.

Ein Gedicht wirkungsvoll vortragen

- **Aussprache:** Sprich deutlich und mache Pausen.
- **Tempo:** Trage das Gedicht nicht zu schnell und nicht zu langsam vor. Setze Pausen gezielt ein. Markiere die Pausen im Text durch einen senkrechten Strich | .
- **Stimmführung:** Du kannst die Stimme heben (höher sprechen) oder senken (tiefer sprechen). Markiere die Stimmführung durch Pfeile. Stimme heben: ↗ Stimme senken: ↘
- **Lautstärke:** Du kannst auch lauter oder leiser sprechen.
- **Betonung:** Sprich wichtige Wörter besonders bedeutungsvoll. Umrahme sie.

Sibylle Seith

Karl die Krabbe

Karl die Krabbe, die war krank ↗
bis sie wurde furchtbar schlank ↘ |

Auch die Augen taten weh
so dass sie die ganze See
nicht mehr blau
sah, sondern grau

Nach ein paar Tagen wich das Blass
und die Krabbe sprang ins Nass
sie machte einen Purzelbaum
die Scheren verhedderten sich kaum

Frisch und rosa jubelt sie:
„Krank? Ach was, das war ich nie!“

1 a **Lies das Gedicht „Karl die Krabbe“ mehrmals und betrachte das Bild dazu.**
b **Worum geht es in dem Gedicht? Kreuze die richtige Aussage an.**

- [ ] A In dem Gedicht geht es um eine Krabbe, die gegessen wird.
- [ ] B In dem Gedicht geht es um eine Krabbe, die müde ist und sich ausruhen möchte.
- [ ] C In dem Gedicht geht es um eine Krabbe, die krank ist und schnell wieder gesund wird.
- [ ] D In dem Gedicht geht es um eine Krabbe, die niemals krank wird.

2 **Um das Gedicht gut vortragen zu können, solltest du es genau untersuchen.**
a **Kennzeichne die einzelnen Strophen im Gedicht.**
b **Ergänze die folgenden Aussagen zum Gedicht.**

A Das Gedicht „Karl die Krabbe“ von Sibylle Seith hat ______________________ Strophen.

B Die erste Strophe des Gedichts besteht aus ______________________ Versen.

C Daran schließen sich die zweite und dritte Strophe mit jeweils ______________________ Versen an.

D Die letzte Strophe hat, wie die erste Strophe, ______________________ Verse.

3 **Bestimme die Reimform des Gedichts.**
a **Markiere die Reimwörter und notiere hinter gleich klingenden Reimen denselben Buchstaben, z. B.:**

Auch die Augen taten weh	b	nicht mehr blau	c
so dass sie die ganze See	b	sah, sondern grau	c

b **Welche Reimform liegt vor? Ergänze die folgende Aussage.**

Das Gedicht „Karl die Krabbe“ weist einen ______________________________ auf.

4 **Bereite den Vortrag des Gedichts vor.**
a **Lies noch einmal die Hinweise im Merkkasten (▶ S. 37).**
b **Sieh dir an, welche Zeichen in der ersten Strophe eingetragen wurden. Lies die erste Strophe laut vor.**
c **Trage in die Strophen 2 bis 4 Zeichen für den Vortrag ein:**
- **Füge senkrechte Striche für Pausen ein: |**
- **Bestimme die Stimmführung durch Pfeile: ↗ ↘**
- **Markiere, wo du lauter und wo du leiser sprechen willst: ______ / ....**
- **Rahme wichtige Wörter ein, die du betonen möchtest.** [ ]

5 **Übe deinen Gedichtvortrag. Lies das Gedicht einer Lernpartnerin oder einem Lernpartner, einer Freundin oder einem Freund oder deinen Eltern vor. Bitte sie um ihre Bewertung (☺, 😐, ☹) in der Tabelle unten.**

Zuhörer/-in	Deutliche Aussprache	Tempo und Pausen	Stimm-führung	Lautstärke (laut/leise)	Betonung

Wortarten – Auf Entdeckungstour

Nomen verwenden

Information **Das Nomen**

- Ein Satz wird verständlich, wenn er **Nomen** (Hauptwörter oder Substantive) enthält. Nomen bezeichnen:
  - **Lebewesen,** z. B.: *der Seemann, die Schülerin, Leon,*
  - **Gegenstände, Dinge,** die man anfassen kann, z. B.: *der Stiefel, die Schatzkarte, das Fernglas,*
  - **Gedanken, Ideen, Zustände ...,** z. B.: *der Wunsch, die Reiselust, das Glück, die Angst.*
- Vor Nomen kann man einen **Artikel** *(der, die, das; ein, eine)* setzen.
- Nomen werden immer **großgeschrieben.**

1 **a Was braucht man für eine Schatzsuche? Ordne den Angaben (1) bis (8) passende Nomen aus dem Kasten zu.**

Goldkette • Spaten • Schatzkarte • Pirat • Fernrohr • Papagei • Geduld • Wanderschuhe
Angst • Rucksack • Fisch • Mut • Sonne • Freund

	Liste für meine Schatzsuche
(1) etwas, das zeigt, wo der Schatz ist	(1) ______
(2) etwas, womit man weit Entferntes sehen kann	(2) ______
(3) etwas, womit man tief graben kann	(3) ______
(4) jemanden, der beim Graben hilft	(4) ______
(5) etwas, das man in gefährlichen Situationen braucht	(5) ______
(6) etwas, womit man den Schatz wegtragen kann	(6) ______
(7) etwas, womit man weit laufen kann	(7) ______
(8) etwas, das hilft, nicht aufzugeben	(8) ______

b Markiere in der Liste Lebewesen orange, Gegenstände grün und Gedanken, Ideen, Zustände blau.

2 **a Suche in der Wörterschlange die acht Nomen und kreise sie ein.**
b Schreibe die Nomen in der richtigen Schreibweise mit dem bestimmten Artikel (*der, die, das*) auf.

k l e i n t a s c h e n m e s s e r f l a c h s p ä t s o n n e n b r i l l e b r e i t f o t o a p p a r a t t a g e b u c h n e u
s o n n e n s c h e i n g l ü c k l i c h a l t k o m p a s s s p a n n e n d z e l t k a l t w a r m s c h l a f s a c k

______

______

______

3 **Ergänze die fehlenden Nomen in der Zeitungsmeldung. Nutze dazu die Hinweise (1) bis (7).**

(1) Diese männliche Person besucht eine Schule.

(3) Es passiert nicht geplant, sondern unerwartet.

(5) Man kann darin etwas aufbewahren.

(7) Er enthält vieles, das sehr kostbar ist.

Hamburg, Elbe. Gestern erlebte Jonas M., ein (1) Schüler, eine (2) Ü__________. Denn er fand durch (3) Z__________ im (4) S__________ eine (5) K__________. Jonas M. entdeckte darin eine (6) S__________. Nun rätselt man, ob diese zu einem wertvollen (7) __________ führt.

(2) Damit rechnet man nicht.

(4) Er besteht aus winzigen Körnchen und ist meist gelb.

(6) Darauf ist aufgezeichnet, wo man etwas finden kann.

4 **Der Schüler Jonas M. erzählt einem Radiosender von seinem Fund:**

„... Da öffnete sich die Kiste plötzlich mit einem leisen Geräusch. Sofort verbreitete sich ein muffiger Geruch und zahlreiche Motten flatterten heraus. Als das Licht hineinfiel, sah ich zu meiner Überraschung eine Schatzkarte. Und darunter waren noch andere Schätze versteckt! Ich fand eine große Muschel, ein altes, vergilbtes Buch, eine braune Holzpfeife, acht kleine Glaskugeln und ein morsches Holzstück."

a **Was nimmt Jonas beim Öffnen der Kiste wahr? Unterstreiche die Nomen.**

b **Sortiere die Nomen in die Tabelle ein. Schreibe die passenden Artikel dazu.**
Tipp: Überlege dabei, welche Dinge Jonas in die Hand nehmen könnte und welche nicht.

Lebewesen	Gegenstände	Gedanken, Ideen, Zustände ...
	die Kiste,	

5 **Ergänze in der Tabelle von Aufgabe 4 in jeder Spalte drei weitere Nomen mit Artikel.**

Information **Das grammatische Geschlecht von Nomen**

- Nomen sind entweder **männlich, weiblich** oder **sächlich.** Das nennt man das **grammatische Geschlecht** (Genus) des Nomens.
- Man erkennt das Geschlecht eines Nomens am **Artikel,** der das Nomen begleitet:

	bestimmter Artikel	unbestimmter Artikel
männlich (Maskulinum)	der *Wunsch*	ein *Wunsch*
weiblich (Femininum)	die *Idee*	eine *Idee*
sächlich (Neutrum)	das *Rätsel*	ein *Rätsel*

6 Auf Schatzsuche am Strand

a Am Strand kann man viele Schätze finden. Lies die folgenden drei Beschreibungen:

A Ein ______ Topf liegt halb vergraben im Sand. Der Topf hat ein Loch.

B ______ Boje ist angespült worden. ______ Boje ist gelb.

C ______ Seil hat sich um ein Holz gewickelt. ______ Seil hat einen dicken Knoten.

b Bestimme das grammatische Geschlecht der drei markierten Nomen. Unterstreiche das männliche Nomen blau, das weibliche Nomen gelb und das sächliche Nomen orange.

c Ergänze die fehlenden unbestimmten und bestimmten Artikel.
Tipp: Wird etwas Unbekanntes das erste Mal genannt, verwendet man den unbestimmten Artikel.

d Beschreibe vier weitere Fundstücke aus der Abbildung. Notiere zu jedem zwei Sätze, in denen du erst den unbestimmten und dann den bestimmten Artikel verwendest.

D Ein Schuh liegt neben ______

Der Schuh ______

E ______

______

F ______

______

G ______

______

Information	Nomen im Singular und Plural

- Nomen haben **einen Numerus,** das heißt eine Anzahl. Sie stehen entweder im **Singular** (Einzahl) oder im **Plural** (Mehrzahl), z. B.: *der Weg* (Singular) – *die Wege* (Plural), *die Bucht – die Buchten, das Tal – die Täler.*
- Bei einigen Nomen ist entweder nur die Singularform oder nur die Pluralform möglich, z. B.:
  Singularformen: *das Gold, das Glück* **Pluralformen:** *die Leute, die Kosten*

7 Die Schatzkarte zeigt dir den Weg zum Schatz.

a Ergänze in der Wörterliste die fehlenden Singular- oder Pluralformen.

(1) die Hütte – die __________

(2) die Insel – die __________

(3) der __________ – die Hügel

(4) die Richtung – die __________

(5) das Ziel – die __________

(6) der Eingang – die __________

(7) der __________ – die Schätze

(8) der __________ – die Berge

(9) die Höhle – die __________

b Ergänze mit Hilfe der Wörterliste und der Karte passende Nomen im Singular oder im Plural.

Um zu dem *Ziel* zu gelangen, muss man an der Ostküste der __________ ankern. Südlich erkennt man zwei verfallene __________, die auf einem kleinen __________ stehen. Nördlich kann man in der Ferne die beiden __________ der sagenumwobenen „Diamantenhöhle“ sehen. Man läuft __________ Norden und lässt die __________ rechts hinter sich. Nach einer Weile gelangt man zum „Tal der Finsternis“. Deutlich erkennt man die fünf __________, die das Tal umgeben. Schließlich sieht man an der Westküste zwei auffällige __________. Dort befindet sich der __________.

c Umrahme alle Nomen im Singular blau und alle Nomen im Plural grün.

8 Markiere in dem folgenden Kasten Nomen, die es nur im Singular gibt, blau und Nomen, die es nur im Plural gibt, grün.

das Gold • die Eltern • die Tür • die Kosten • der Regen • die Straße • die Musik • die Jugend • die Spaghetti • die Decke • die Geschwister • die Seite • der Kreis • die Furcht • die Ferien • die Leute

Information **Die vier Fälle des Nomens**

- Im Satz können Nomen unterschiedliche **Funktionen** haben. Die Funktion bestimmt, welche Form der Artikel und das Nomen annehmen: Das Nomen wird **dekliniert** und steht in einem **Fall** (Kasus).
- Den Fall kann man mit den folgenden **Fragewörtern** erfragen:

Fall (Kasus)	**1. Fall Nominativ**	**2. Fall Genitiv**	**3. Fall Dativ**	**4. Fall Akkusativ**
Frage	**Wer oder was …?**	**Wessen …?**	**Wem …?**	**Wen oder was …?**
Beispiel	**Der Seeräuber** lebte im 16. Jahrhundert. **Frage:** **Wer oder was** lebte im 16. Jahrhundert? **Antwort:** **der Seeräuber**	Der Name **des Seeräubers** ist Francis Drake. **Frage:** **Wessen** Name ist Francis Drake? **Antwort:** **des Seeräubers**	Der König schenkt **dem Seeräuber** einen Diamanten. **Frage:** **Wem** schenkt der König einen Diamanten? **Antwort:** **dem Seeräuber**	Der Kapitän sieht **den Seeräuber.** **Frage:** **Wen oder was** sieht der Kapitän? **Antwort:** **den Seeräuber**

9 **Ein Piratenschiff sticht in See. Ist alles an Bord?**

a Welcher Gegenstand aus dem Kasten wird mit den Sätzen A bis D umschrieben? Kreuze an.

☐	☐	☐	☐	☐
das Wasserfass des Wasserfasses dem Wasserfass das Wasserfass	die Flagge der Flagge der Flagge die Flagge	der Anker des Ankers dem Anker den Anker	das Brot des Brotes dem Brot das Brot	die Kanone der Kanone der Kanone die Kanone

A ______________________ muss hochgezogen werden, wenn das Schiff ablegt.

B Das Gewicht ______________________ sorgt für einen guten Halt.

C Zu viel Rost schadet ______________________.

D Man kann ______________________ außen an der Bordwand des Schiffes sehen.

b Ergänze in den Sätzen A bis D das fehlende Nomen und den Artikel im richtigen Fall.

c Schreibe die folgenden Sätze in dein Heft. Ersetze dabei jeweils das Bild durch ein Nomen im richtigen Fall.
Tipp: Nutze die oben angegebenen Formen.

 ist auf offener See oft schon von Weitem zu sehen. Ein Totenkopf gibt  ein unheimliches Aussehen. Die Farbe  ist schwarz-weiß. Auf jedem Piratenschiff hisst die Mannschaft . Dicke Taue geben  Halt auf dem Schiff.  ist aus Eisen. Bei einem Angriff laden die Matrosen . Die Kugeln  bestehen aus Blei.

10 **Notiere zu einem weiteren Nomen aus dem Kasten oben vier Sätze in dein Heft. Verwende dabei das Nomen einmal in jedem Fall (Nominativ, Genitiv, Dativ, Akkusativ).**

11 **Hast du schon einmal von dem gefürchteten Seefahrer Francis Drake gehört?**

a Lies den Text und unterstreiche die Antworten auf die folgenden vier Fragen:

A Wer hatte schon als dreizehnjähriger Schiffsjunge sein Handwerk gelernt?
B Wessen Aufgabe sollte geheim bleiben?
C Wem befahl die Königin, möglichst viele spanische Schiffe zu überfallen?
D Wen beauftragte die Königin, die Magellanstraße zu suchen?

Der Seefahrer Francis Drake

Francis Drake war ein wagemutiger Entdecker. Schon als dreizehnjähriger Schiffsjunge hatte der Seefahrer sein Handwerk gelernt. Später beauftragte die englische Königin den Seefahrer, die Magellanstraße zu suchen. Dieser Seeweg führt an Südamerika vorbei und gilt als besonders schwierig. Zudem befahl sie dem Seefahrer, möglichst viele spanische Schiffe zu überfallen und den Besitz an sich zu bringen. Diese Aufgabe des Seefahrers sollte natürlich geheim bleiben. Offiziell verurteilte die Königin sogar Drakes Treiben.

b Ergänze die folgende Tabelle mit Hilfe der unterstrichenen Nomen.

Nomen	Fragewort	Fall (Kasus)
der Seefahrer	*Wer oder was?*	
		Genitiv
	Wem?	
		Akkusativ

12 **a Lies den Text und setze das Nomen *Schiff* mit Artikel im richtigen Fall ein.**

1579 hatte (1) ________________ *Nuestra Señora de la Concepción* einen wertvollen Schatz geladen. Francis Drake gelang es, (2) ________________ zu überfallen und den Schatz in seinen Besitz zu bringen. Der Fang übertraf alles, was er bis dahin erbeutet hatte. Im Frachtraum (3) ________________ fand Drake Gold und Silber, Edelsteine und teure Gewürze. Seine Mannschaft war sechs Tage lang mit dem Umladen beschäftigt, um (4) ________________ die wertvolle Ladung zu entnehmen.

b In welchem Fall hast du das Nomen *Schiff* jeweils eingesetzt?
Notiere das passende Fragewort und ergänze daneben den Fall.

(1) Wer oder was? - Nominativ (2) ________________

(3) ________________ (4) ________________

13 **a** **Lies den Text und bestimme den Fall der unterstrichenen Wörter. Schreibe die passenden Fragewörter an den Rand und notiere den Fall in Klammern.**

Allein auf der Insel

Der englische Seefahrer William Dampier (1651–1715) umsegelte dreimal die Welt und entdeckte zahlreiche unbekannte Länder. Auf einer seiner Reisen blieb ein Matrose auf einer einsamen Insel zurück. Als Dampier Jahre später wieder dorthin zurückkehrte, entdeckte man ein Feuer auf der Insel. Sofort schickte der Kapitän Matrosen an Land, die der Ursache des Feuers auf den Grund gehen sollten. Es stellte sich heraus, dass der Matrose, der damals ausgesetzt worden war, vier Jahre lang auf der Insel überlebt hatte. Dem Mann war es gelungen, sich nur von Krebsen, Ziegenfleisch und Obst zu ernähren. Die Matrosen nahmen sich des Mannes an und kehrten mit ihm in seine Heimatstadt zurück.

Wen oder was? (Akk.)

b **Lies die Fortsetzung des Textes und ergänze die Nomen in Klammern im richtigen Fall.**

Der Kapitän ______ (*das Segelschiff*), Woodes Rogers, kehrte in seine Geburtsstadt Bristol zurück und verfasste ______ (*ein Reisebericht*) mit seinen Erlebnissen. Er gab ______ (*das Buch*) den Titel „A Voyage around the World“. In diesem Buch beschreibt der Kapitän ______ (*der Aufenthalt*) des einsamen Matrosen auf der Insel. Die Veröffentlichung ______ (*das Buch*) brachte ______ (*der Schriftsteller*) Daniel Defoe auf die Idee, ______ (*ein Roman*) zu schreiben, der 1719 unter dem Titel „Robinson Crusoe“ erschien.

14 **Stell dir vor, du bist allein auf einer Insel. Ergänze die folgenden Sätze mit Nomen. Notiere dahinter jeweils den Fall des eingesetzten Nomens in Klammern.**

(1) Jch suche ______ ( )

(2) Jch begegne ______

(3) Jch entdecke ______

(4) Am meisten fehlt mir ______

Personalpronomen verwenden

Information **Das Personalpronomen**

- Personalpronomen **ersetzen Nomen.** Man verwendet sie, um Wiederholungen von Nomen zu vermeiden, z. B.: *Die Piratin heißt Anne Bonny. Sie ist weltberühmt. Über sie wurden einige Bücher geschrieben.*
- Personalpronomen werden wie Nomen **dekliniert.** Die wichtigsten Formen sind:

	Singular (Einzahl)			**Plural (Mehrzahl)**		
Fall (Kasus)	1. Pers.	2. Pers.	3. Pers.	1. Pers.	2. Pers.	3. Pers.
Nominativ	ich	du	er/sie/es	wir	ihr	sie
Dativ	mir	dir	ihm/ihr/ihm	uns	euch	ihnen
Akkusativ	mich	dich	ihn/sie/es	uns	euch	sie

1 **a** **Lies die fünf Sätze A bis E und unterstreiche darin die Personalpronomen.**
b **Ziehe jeweils einen Pfeil vom Satz zu der Stelle im Bild, auf die das Personalpronomen verweist.**

A Sie steht vorn und schaut auf das Meer.
B Es schlägt gegen die Schiffsplanken.
C Der Kapitän gibt ihnen Befehle.
D Er hängt außen an der Schiffswand.
E Der Matrose gibt ihr einen Fisch.

2 **a** **Ergänze im Text die folgenden Personalpronomen: *sie* (4x), *es*, *er*.**
b **Kennzeichne mit Hilfe eines Pfeils, auf welches Nomen sich das Personalpronomen jeweils bezieht.**

Anne Bonny – Heldin in Männerkleidern

Frauen waren auf Piratenschiffen eine absolute Seltenheit, denn ___sie___ wurden dort nicht geduldet. Einige abenteuerlustige Frauen ließen sich von dem Verbot aber nicht abschrecken. ______ heuerten in Männerkleidung auf Piratenschiffen an. Das Piratenleben begeisterte Männer und Frauen, weil ______ Ruhm und Reichtum versprach. Eine der berühmtesten Piratinnen war Anne Bonny. ______ stammte aus Irland und wanderte Anfang des 18. Jahrhunderts nach Nordamerika aus. Später schloss sie sich dem Piratenkapitän Jack Rackham an. ______ trieb in der Karibik sein Unwesen. Rackham ließ sich vom Mut und der Tatkraft Bonnys überzeugen und nahm ______ mit an Bord.

3 Formuliere den folgenden Text abwechslungsreicher.

a Unterstreiche in den Sätzen (2), (3), (5) und (6) Nomen und ihre Artikel sowie Namen, die durch Personalpronomen ersetzt werden können.

b Schreibe den Text neu auf. Unterstreiche im überarbeiteten Text die vier Personalpronomen.

Mary Read – Von der Reisenden zur Piratin

(1) Ende des 17. Jahrhunderts kam Mary Read in London zur Welt. (2) Als Mann verkleidet trat Mary Read in die englische Armee ein. (3) Dort lernte die Engländerin einen Soldaten kennen und verliebte sich in den Soldaten. (4) Als ihr Mann starb, segelte Mary Read in die Karibik, doch unterwegs wurde das Schiff von Jack Rackham überfallen. (5) Die Engländerin beschloss, sich Rackham anzuschließen. (6) Auf seinem Schiff begegnete die Engländerin der Piratin Anne Bonny. (7) Die beiden wurden Freundinnen.

4 Bilde sinnvolle Sätze. Streiche in den Sprechblasen die Personalpronomen durch, die nicht passen.

Es gab sogar Piratinnen! Wie es [ihnen / ihr / sie] auf See ergangen ist, würde ich gerne wissen!

Ihr habt gefragt, ob es heute noch Piratinnen gibt. Das kann ich [ihnen / euch / ihr] nicht sagen.

Wie konnten die Piratinnen unerkannt bleiben? Das ist [du / wir / uns] nicht klar.

5 Was würdest du gern noch über Piratinnen oder Piraten erfahren?
Formuliere eine Frage und verwende dabei ein passendes Personalpronomen.

Adjektive verwenden

Information **Das Adjektiv**

- Mit **Adjektiven** kann man die **Eigenschaften** von Lebewesen, Gegenständen, Gedanken, Ideen oder Zuständen genauer beschreiben, z. B.:
  der alte Kapitän, der wertvolle Ring, der starke Wunsch, das ungemütliche Wetter.
- Adjektive stehen in der Regel **vor ihrem Nomen.** Sie stehen im gleichen **Fall** (Kasus) wie das Nomen, z. B.:
  der alte Kapitän (Nominativ), *des alten Kapitäns* (Genitiv), *dem alten Kapitän* (Dativ), *den alten Kapitän* (Akkusativ).
- Adjektive werden **kleingeschrieben.**

1 a **Lies den folgenden Text und überlege, was darin nicht stimmt.**

Die Titanic – Ein Schiff der Rekorde

Das berühmte Schiff Titanic fasziniert die Menschen bis heute. Das kleine Schiff konnte bis zu 3547 Menschen aufnehmen und wog voll beladen über 67 000 Tonnen. Die vier unauffälligen Schornsteine waren 19 m hoch und schon von Weitem zu sehen. Auf dem kurzen Schiff hätten vom Heck bis zum Bug 22 Doppeldeckerbusse hintereinander aufgestellt werden können. Mit ihrer billigen und aufwändigen Ausstattung setzte die Titanic neue Maßstäbe.

b **Unterstreiche alle Adjektive im Text, die vor Nomen stehen.**

c **Streiche die vier falschen Adjektive durch und notiere darüber passende Adjektive aus dem Kasten.**

durchsichtigen • auffälligen • langen • teuren • tiefen • langweiligen • große • schwere • kleinen

2 **Ergänze in den folgenden vier Sätzen das Adjektiv *riesig* im richtigen Fall (Kasus).**

A Das ______________ Schiff verließ am 10. April 1912 den Hafen von Southampton in Großbritannien.

B Das Ziel des ______________ Schiffes war New York.

C Zahlreiche Zuschauer beobachteten das ______________ Schiff beim Auslaufen.

D Sie winkten dem ______________ Schiff zum Abschied hinterher.

3 **Welche Adjektive könntest du ergänzen, damit der folgende Satz möglichst dramatisch klingt? Unterstreiche alle Nomen im Satz und setze jeweils ein passendes Adjektiv davor.**

Das Schiff mit dem Namen *Titanic* versank in einer Nacht im Meer, nachdem es einen Eisberg gerammt hatte.

____

____

Information **Steigerung der Adjektive**

- Die meisten Adjektive kann man steigern und damit Vergleiche ausdrücken:

Positiv (Grundform)	**Komparativ** (Vergleichsstufe)	**Superlativ** (Höchststufe)
wertvoll	*wertvoller*	*am wertvollsten*

- Man vergleicht mit ***wie,*** wenn etwas gleich ist, z. B.: *Das U-Boot ist so schwer wie ein PKW.*
- Sind Dinge unterschiedlich, vergleicht man mit ***als,*** z. B.: *Das U-Boot taucht tiefer als sein Vorgänger.*

4 **Zur Untersuchung gesunkener Schiffe setzt man heute moderne U-Boote ein. Lies die Steckbriefe der folgenden drei U-Boote und vergleiche die Angaben. Schreibe Sätze, in denen du die folgenden Adjektive im Komparativ oder Superlativ verwendest:**
lang • kurz • schnell • langsam • groß • klein • tief • schwer • leicht

Meeresflug I
– Länge: 5 m
– Geschwindigkeit: 25 km/h
– Maximale Tauchtiefe: 1000 m
– Gewicht: 1250 kg

Meeresflug II
– Länge: 8 m
– Geschwindigkeit: 10 km/h
– Maximale Tauchtiefe: 350 m
– Gewicht: 2250 kg

Tiefseeforscher
– Länge: 7,5 m
– Geschwindigkeit: 6 km/h
– Maximale Tauchtiefe: 10 898 m
– Gewicht: 2150 kg

Das U-Boot Meeresflug I ist kürzer als ____________________

Am längsten ist ____________________

____

____

____

____

____

____

5 ***als*** **oder** ***wie*****? Ergänze die Vergleichssätze.**

A Meeresflug II und Tiefseeforscher sind länger ________ Meeresflug I.

B Meeresflug I ist schneller ________ die beiden anderen U-Boote.

C Tiefseeforscher ist in etwa so schwer ________ Meeresflug II .

D Tiefseeforscher taucht tiefer ________ die beiden Vorgänger.

Verben verwenden

Information **Das Verb**

- Verben geben an, **was jemand tut** (z. B. *reisen, lesen, tanzen*) oder **was geschieht** (z. B. *regnen, stürmen*).
- Der **Infinitiv** (die Grundform) eines Verbs endet immer auf *-en* oder *-n*.
- Wenn ein Verb in einem Satz verwendet wird, bildet man die **Personalform des Verbs.** Das nennt man **konjugieren** (beugen), z. B.: *reisen* (Infinitiv) → *ich reise* (1. Person Singular).
- Bei **starken Verben** verändert sich der Vokal im Wortstamm in einigen Personalformen und im Präteritum, z. B.: *nehmen – ich nehme, du nimmst, er/sie/es nimmt, wir nehmen, ihr nehmt, sie nehmen, er nahm.*
- Bei **schwachen Verben** verändert sich der Vokal im Wortstamm nie, z. B.: *sagen – ich sage, du sagst, er/sie/es sagt, wir sagen, ihr sagt, sie sagen.*
- Verben werden immer **kleingeschrieben.**

1 **Leinen los! Betrachte das Bild und ergänze in den Sätzen A bis F die fehlenden Verben.**

A Der Kapitän sch ____________ durch sein Fernglas.

B Ein Mann p____________ ein Fenster.

C Eine Frau t____________ einen Koffer.

D Zwei Kinder w____________.

E Eine Boje sch ____________ im Wasser.

F Ein Seemann a____________.

2 **a Lies den folgenden Text zum Bild. Was stimmt hier nicht?**

Die „Südstern“ steht abfahrbereit im Hafen. Alle Passagiere sind bereits an Bord und liegen an Deck. Während noch einige Autos in das Innere des Schiffes schwimmen, beobachtet der Kapitän das Geschehen. An Deck quakt ein Hund, zwei Männer mit Rucksäcken singen miteinander und ein Junge tanzt auf einem Koffer. Seine Schwester ruft daneben und lacht. Eine weiße Möwe fährt vorbei.

b Unterstreiche alle Verben im Text.

c Streiche die Verben, die nicht zum Bild passen, und notiere darüber die richtigen Verben.

3 **Formuliere drei weitere Sätze zum Bild oben und unterstreiche in ihnen die Verben.**

____

____

____

4 **a Verbinde die zwei Begriffe A und B mit den zutreffenden Aussagen.**

A Starke Verben ...

B Schwache Verben ...

beginnen mit einem Vokal (*a, e, i, o* oder *u*).

bezeichnen Bewegungen.

haben im Wortstamm immer den gleichen Vokal.

bestehen immer aus zwei Silben.

verändern den Vokal im Wortstamm, wenn man sie konjugiert, z. B.: *lesen – ich lese – du liest*.

b Sortiere die folgenden Verben mit einem Beweiswort in die zwei Spalten ein.
Tipp: Ein Beweiswort findest du, wenn du die 3. Personalform Singular (Er-Form) des Verbs bildest.

reden • sprechen • spielen • laufen • tauchen • essen • fahren • treffen • lachen • brauchen • tanzen • halten • schenken • schlafen • schauen • wissen • suchen

Starke Verben	Schwache Verben
sprechen → er spricht	reden → er redet

c Schreibe zu zwei starken Verben und zu zwei schwachen Verben jeweils einen Beispielsatz auf.

Teste dich!

Die Wortarten

1 **a** **Ergänze in den Sätzen (1), (2), (3) und (5) das Nomen *Hund* mit dem bestimmten Artikel im richtigen Fall.**
b **Ersetze *der Hund* in den Sätzen (4) und (6) durch ein passendes Personalpronomen.**
c **Bestimme in jeder Zeile den Fall des eingesetzten Wortes.**
Kreuze an: Nominativ (N), Genitiv (G), Dativ (D) oder Akkusativ (A).

PUNKTE |12

	N	G	D	A
(1) Das Bellen ________ ________________ ist schon von Weitem zu hören.	☐	☐	☐	☐
(2) ________ ________________ springt auf das Schiff.	☐	☐	☐	☐
(3) Ein paar Kinder sehen ________ ________________.	☐	☐	☐	☐
(4) Sie streicheln ________.	☐	☐	☐	☐
(5) Der Schiffskoch gibt ________ ________________ etwas zu fressen.	☐	☐	☐	☐
(6) Er reicht ________ einen großen Knochen.	☐	☐	☐	☐

2 **a** **Ein Adjektiv passt jeweils nicht. Streiche es durch.**
b **Ergänze in jedem Satz die passenden Adjektive in der richtigen Form.**

PUNKTE |8

A der Sand *(weich, gelb, fein, warm, spitz)*

Wir legen uns in den ________________, ________________, ________________ und ________________ Sand.

B das Buch *(lustig, flüssig, neu, dünn, teuer)*

Ich lese ein ________________, ________________, ________________ und ________________ Buch.

3 **Ergänze die Adjektive in Klammern in der passenden Form.**

PUNKTE |3

A Das Ruderboot ist ________________________ als das Segelboot. *(klein)*

B Im Vergleich zu dem Ruderboot und dem Segelboot ist der Dampfer am ________________________. *(groß)*

C Das Segelboot ist so ________________________ wie das U-Boot. *(lang)*

4 **Umkreise die drei starken Verben im Kasten.**

PUNKTE |3

reden • sprechen • spielen • tauchen • essen • treffen • lachen • brauchen • tanzen • schenken

5 **Vergleiche deine Antworten mit den Angaben im Lösungsheft und zähle deine Punkte zusammen.**

☺ 26–21 Punkte	☺ 20–14 Punkte	☹ 13–0 Punkte
Gut gemacht!	Wo hattest du Schwierigkeiten? Wiederhole die passenden Übungen auf S. 39–51.	Du solltest noch einmal üben! Arbeite S. 39–51 erneut durch.

Das Tempus des Verbs – Zeitreisen

Das Präsens verwenden

Information **Das Präsens** (die Gegenwartsform)

- Das **Präsens** (die Gegenwartsform) wird meist verwendet, wenn etwas jetzt, **in diesem Augenblick** geschieht, z. B.: *Sie springt gerade ins Wasser.*
- Es wird auch benutzt, um **Gewohnheiten oder Dauerzustände** zu beschreiben, z. B.: *Wir gehen jeden Tag an den Strand.*
- Mit dem Präsens kann man auch über die **Zukunft** sprechen, z. B.: *Am nächsten Wochenende fahren wir ans Meer.*

1 Verben gesucht!

a Was passiert am Strand? Betrachte das Bild und formuliere Sätze im Präsens.
Tipp: Nutze die Satzanfänge im Kasten.

b Unterstreiche die Verben in deinen Sätzen und umrahme jeweils die Personalendung.

Ein Kind ...
Eine Frau ...
Ein Hund ...
Die Sonne ...
Ein Eis ...

Ein Kind baut eine Sandburg.

2 Schreibe in dein Heft Sätze, die ...

A Gewohnheiten oder Dauerzustände ausdrücken, z. B.: *Im Sommer liegen wir am Strand. Eis schmilzt bei ...*

B etwas über die Zukunft aussagen, z. B.: *Morgen verreise ich. Demnächst gehen wir ...*

Das Perfekt verwenden

Information **Das Perfekt** (die zusammengesetzte Vergangenheitsform)

- Wenn man **mündlich** von etwas **Vergangenem** erzählt, verwendet man häufig das **Perfekt,** z. B.:
  Wir sind zum Hafen gegangen. Wir haben ein Schiff gesehen.
- Das Perfekt ist eine **zusammengesetzte Zeitform,** weil es aus zwei Teilen gebildet wird:
  Form von *haben* oder *sein* (im Präsens) + Partizip II des Verbs
  wir haben *gesehen*
- Das **Partizip II** beginnt meistens mit *ge-* und endet mit *-t* oder *-en,* z. B.:
  machen – gemacht, sprechen – gesprochen, gehen – gegangen.

1 **Ein Tag am Meer!**

a **Ordne den sechs Verben die Bilder A bis F zu. Notiere vor jedes Verb den passenden Buchstaben.**

b **Notiere zu jedem Verb die Partizip II-Form.**

E rennen – gerannt ___ aufwachen – ___

___ laufen – ___ ___ finden – ___

___ bauen – ___ ___ schwimmen – ___

c **Am Abend erzählt Mia ihrer Freundin von ihren Erlebnissen am Meer. Ergänze die Lücken mit den passenden Verben im Perfekt.**

„Ben und ich sind heute Morgen zeitig aufgewacht. Wir ___ gleich an den Strand ___. Später ___ wir bis zu einem großen Stein ___ ___. Dann ___ ich eine Sandburg ___ und ___ mit Fritz um die Wette ___. Stell dir vor, dabei ___ ich eine Flaschenpost ___!“

2 **Was hat Fritz am Strand gemacht? Formuliere zwei weitere Sätze im Perfekt.**

___

___

3 **a** **Untersuche die Verben in Aufgabe 1c. Wann wird das Perfekt häufig mit *sein (bin, sind)* gebildet? Kreuze an und ergänze neben den zwei richtigen Aussagen jeweils ein Beispiel.**

☐ wenn jemand oder etwas sich bewegt ____________________

☐ wenn jemand etwas Ungewöhnliches macht ____________________

☐ wenn sich der Zustand von jemandem oder etwas verändert ____________________

b **Perfekt mit *haben* oder mit *sein*? Ergänze.**

ich __________ gegessen   ich __________ gefahren   ich __________ gesehen

ich __________ gehört   ich __________ gegangen   es __________ geschmolzen

4 **a** **Ordne die Verbformen von Aufgabe 1 c in die Tabelle ein.**
b **Ergänze anschließend alle weiteren Personalformen.**

Perfekt mit *haben*

	bauen	finden
ich	habe gebaut	
du		
er/sie/es		
wir		
ihr		
sie		

Perfekt mit *sein*

	laufen	schwimmen	rennen
ich			
du			
er/sie/es			
wir	sind gelaufen		
ihr			
sie			

5 Wie lauten die Perfektformen von *haben* und von *sein*? Ergänze.

ich habe ____________________   ich bin ____________________

6 **a** Was erzählt der Taucher? Formuliere fünf Aussagen mit Hilfe der Angaben im Kasten.
b Unterstreiche in den Aussagen alle Verben im Perfekt.

A „Schwerstarbeit | wieder | bei meinem letzten Tauchgang | habe ich | geleistet."

B „gesprungen | mit einer Ausrüstung von 50 Kilo | ins Wasser | bin ich."

C „unglaubliche Augenblicke | so ausgerüstet | habe ich | erlebt | immer wieder."

D „in Mexiko | in einer Höhle | getaucht | einmal bin ich."

E „gehabt, | durch den Weltraum zu schweben | da habe ich | das Gefühl."

A „Bei meinem letzten Tauchgang habe ich wieder

7 Formuliere die folgenden Schlagzeilen zu vollständigen Sätzen im Perfekt um, z. B.:
Hat ein Forschungsteam einen Schatz gefunden?

Forschungsteam: Schatz gefunden?

Verrücktes Klima: Wasserspiegel gestiegen

Nach Schiffsunglück: Alle Passagiere überlebt!

Superstar: Insel gekauft

BERMUDADREIECK: SCHIFF GESUNKEN

8 Denke dir drei weitere Schlagzeilen aus. Notiere sie im Heft und ergänze dazu Sätze im Perfekt.

Das Präteritum verwenden

Information **Das Präteritum** (die einfache Vergangenheitsform)

- Wenn schriftlich von etwas **Vergangenem** erzählt wird (z. B. in Berichten, in Geschichten), verwendet man in der Regel das **Präteritum,** z. B.: *Schon früher verehrten die Menschen Delfine als besondere Tiere.*
- Das Präteritum ist die **einfache Zeitform der Vergangenheit.**

1 **Vergangenheit oder Gegenwart?**

a **Unterstreiche in jedem Satz das Verb.**

b **Welche Formulierungen geben in den Sätzen außerdem einen Hinweis auf die Zeit? Markiere sie.**

c **Ordne die Sätze in die Spalten (1) und (2) ein.**

A Schon vor langer Zeit galten Delfine als besondere Tiere.

B Heute gelten diese Meeressäuger als besonders intelligent.

C Bereits in der Antike gab es Berichte über ihre erstaunliche Hilfsbereitschaft.

D Auch heutzutage gibt es immer wieder Nachrichten über helfende Delfine.

E Die alten Griechen verehrten sie früher als Beschützer von Reisenden.

F In der heutigen Zeit verehren vor allem Kinder die niedlichen Tiere.

(1) **Delfine in der Vergangenheit**	(2) **Delfine in der Gegenwart**

d **Welche Zeitform wird in den Sätzen in Spalte (1) verwendet, welche in Spalte (2)? Notiere.**

Spalte (1) Zeitform: ____________________ Spalte (2) Zeitform: ____________________

2 **Bilde zu den folgenden Infinitiven Präteritumformen. Unterstreiche in beiden Formen jeweils den Wortstamm.**

leben – *er lebte* suchen – *er* ______ lernen – *er* ______

lieben – *er* ______ nutzen – *er* ______ fürchten – *er* ______

Starke und schwache Verben unterscheiden

Information **Starke und schwache Verben**

- Bei **starken Verben** verändert sich bei einigen Personalformen im Präsens und bei den Vergangenheitsformen der Vokal im Wortstamm, z. B.:
  gehen – er geht – er ging – er ist gegangen; nehmen – er nimmt – er nahm – er hat genommen.
- Bei **schwachen Verben** verändert sich der Vokal im Wortstamm nie, z. B.:
  kochen – er kocht – er kochte – er hat gekocht; bauen – er baut – er baute – er hat gebaut.
- Man muss die Formen der starken Verben auswendig lernen.

1 **Wale spielten in vielen früheren Kulturen eine besondere Rolle. Sie wurden gefürchtet oder verehrt.**

a **Lies die folgenden Aussagen und unterstreiche darin alle Verben.**

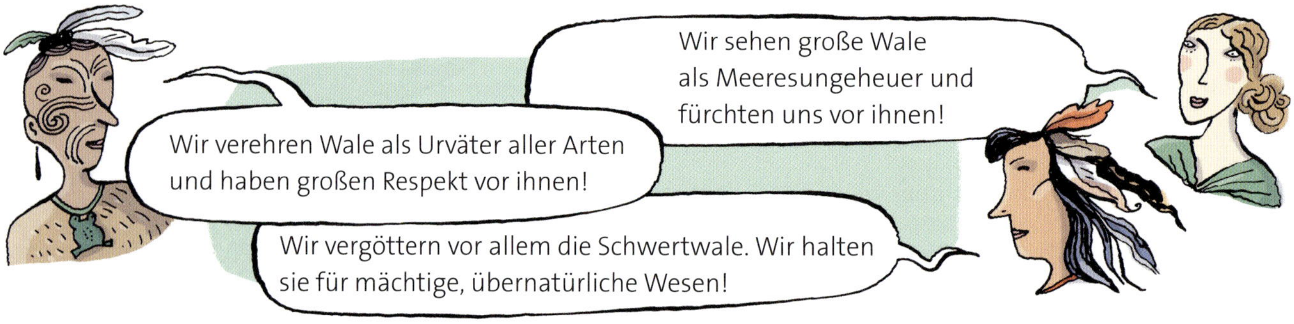

b **In welcher Zeitform stehen die Verben in den drei Aussagen? Kreuze an.**

☐ Präsens ☐ Perfekt ☐ Präteritum

c **Bilde zu den unterstrichenen Verben die Präteritumformen und ergänze damit den folgenden Text.**

Blick in die Vergangenheit – Menschen und Wale

Die Menschen in der griechischen Antike ______________ besonders große Wale als Meeresungeheuer und ______________ sich vor ihnen. Die frühen Maori in Neuseeland ______________ Wale als Urväter aller Arten und ______________ großen Respekt vor ihnen. Die nordamerikanischen Indianer ______________ vor allem die Schwertwale und ______________ sie für mächtige, übernatürliche Wesen.

d **Bei welchen Verben ändert sich der Vokal im Präteritum? Kreise diese starken Verben ein.**

2 **Welches starke Verb passt zu allen vier Sätzen? Ergänze die passenden Personalformen im Präteritum.**

A Ich ______________ gestern eine Geschichte über einen zahmen Delfin.

B Leon ______________ mir letzten Dienstag in einer Mail, dass er im Urlaub einen Wal gesehen hat.

C Du ______________ am letzten Wochenende ein Gedicht über einen sprechenden Wal.

D Lilly und Aylin ______________ im letzten Jahr einen Schülerzeitungsartikel über Wale und Delfine.

3 **a** **Ergänze in den Sätzen A bis G die passenden Personalformen im Präteritum.**
b **Kreise die fünf starken Verben ein.**

A Die Vorfahren der Wale ______ *(sein)* Säugetiere, die an Land ______ *(leben)*.

B Schon in der Steinzeit ______ *(kennen)* die Menschen Wale und ______ *(zeichnen)* sie an Höhlenwände.

C In der griechischen Mythologie ______ *(halten)* man Delfine für verzauberte Menschen.

D Die Griechen ______ *(ehren)* Wale und Delfine jeweils mit einem eigenen Sternbild.

E Bereits vor 7000 Jahren ______ *(jagen)* Einwohner der koreanischen Halbinsel Wale.

F Der britische Kapitän William Scoresby ______ *(gehören)* zu den ersten Walfängern, die Bücher über ihre Erlebnisse ______ *(schreiben)* und ______ *(veröffentlichen)*.

G Im 20. Jahrhundert ______ *(erkennen)* die Menschen, dass der Walbestand in Gefahr ist.

4 **a** **Ergänze die folgende Tabelle zu starken Verben.**
b **Markiere in allen Verbformen den Vokal im Wortstamm.**

Infinitiv	3. Person Singular Präsens	3. Person Singular Präteritum	3. Person Singular Perfekt
	er läuft		
		er las	
			er hat geschlafen
sprechen			
			er hat genommen
	er geht		
halten			
		er half	
	er liegt		
sein			

5 **Wähle aus Aufgabe 4 vier Verbformen im Präteritum und bilde dazu Sätze im Heft.**

6 In dem folgenden Zeitungsartikel stimmt die Zeitform nicht.

a Lies den Artikel und unterstreiche alle Verben.

b Kreise Signalwörter ein, die einen Hinweis auf die Zeit geben.

c Streiche die Verben in der falschen Zeitform und notiere sie in der richtigen Form darüber.
Tipp: Bis auf einen Satz müssen alle in der gleichen Zeitform stehen.

VORSICHT FEHLER!

Delfin rettet Artgenossen

Albany/Australien. Gestern *strandete* ~~strandet~~ ein Schwarm Delfine an der australischen Küste. Die Zahnwale verirren sich in den Küstengewässern eines Naturschutzgebietes. Als eines der Meerestiere stirbt, bemühen sich Tierschützer um Hilfe. Sie fangen einen jungen Delfin und ziehen ihn in tiefere Gewässer. Dabei schickt der Meeressäuger „Notsignale“, denen seine Artgenossen folgen. Dadurch erreicht die ganze Gruppe wieder das offene Meer. Laut Meinung der Tierschützer helfen Delfine immer wieder anderen Tieren oder auch Menschen in Not.

7 **a** In der Wörterschlange stehen 18 Verben im Präteritum. Kreise diese Verben ein.

standbissaßfrorgabginggossludrochschlichschobschnittsahwarsaßstahltatwuchs

b Notiere zu den Verben aus der Wörterschlange den Infinitiv.

stand – stehen,

8 Denke dir eine kurze Geschichte aus, in der möglichst viele Verben im Präteritum aus der Wörterschlange auftauchen. Schreibe sie in dein Heft, z. B.: *Ich stand am Strand und sah auf das Meer. In der Dunkelheit …*

Teste dich!

Die Zeitformen des Verbs

1 **Tom erzählt, was er im Urlaub alles gemacht hat.
Formuliere mit den Angaben im Kasten passende Aussagen im Perfekt.**

PUNKTE | 4

eine riesige Sandburg bauen • zu einer kleinen Insel schwimmen • Delfine sehen • viele Fotos machen

„Ich ______________________________

____

______________________________ .“

2 **Heute so – gestern so! Setze die folgenden Verben ins Präteritum und schreibe den Satz auf.**

PUNKTE | 7

Heute lese, lerne, spreche, schlafe, lache, liebe, lebe ich.

Gestern ______________________________

3 **Ergänze die Tabelle.**

PUNKTE | 6

Präsens	Präteritum	Perfekt
Ich schreibe den Brief.		
	Ich ging ins Kino.	
Ich bin faul.		

4 **Präsens oder Präteritum? Setze die Infinitive in den Klammern in die richtige Zeitform.**

PUNKTE | 6

San Francisco/USA. Viele Wale ________ *(sein)* heute durch moderne Fangmethoden in Gefahr. Am vergangenen Wochenende ________ *(befreien)* Taucher einen 16 Meter langen Buckelwal aus Fischernetzen. Sie ________ *(helfen)* dem Meerestier, indem sie das Netz ________ *(auftrennen)*. Nach der Rettungsaktion ________ *(danken)* der Wal seinen Helfern: Er ________ *(berühren)* jeden Taucher einmal kurz mit seiner Nase.

5 **Vergleiche deine Antworten mit den Angaben im Lösungsheft und zähle deine Punkte zusammen.**

☺ 23–21 Punkte	☺ 20–14 Punkte	☹ 13–0 Punkte
Perfekt!	Wo hattest du Schwierigkeiten? Wiederhole die passenden Übungen auf S. 53–60.	Arbeite S. 53–60 erneut durch.

Satzarten und Satzglieder unterscheiden – Fremde Welten

Satzarten unterscheiden

Information **Die Satzarten**

Wenn man etwas aussagt, fragt oder zu etwas auffordert, verwendet man unterschiedliche Satzarten.
In der **gesprochenen Sprache** erkennt man die verschiedenen Satzarten oft an der Stimmführung:

- Bei einem **Aussagesatz** senkt sich die Stimme zum Ende des Satzes:
- Bei einem **Fragesatz** hebt sich die Stimme zum Ende des Satzes:
- Bei einem **Ausrufesatz** oder **Aufforderungssatz** wird die Stimme zum Ende des Satzes lauter:

In der **geschriebenen Sprache** werden die Satzarten durch unterschiedliche **Satzschlusszeichen** beendet:

- Nach einem **Aussagesatz** steht ein **Punkt,** z. B.: *Der Mensch zähmte den Wolf.*
- Nach einem **Fragesatz** steht ein **Fragezeichen,** z. B.: *Habt ihr einen Hund?*
- Nach einem **Ausrufesatz** oder **Aufforderungssatz** steht meist ein **Ausrufezeichen,** z. B.: *Füttert das Tier!*

1 a **Aussage, Frage oder Ausruf? Ordne die Aussagen den drei Sprechern zu und setze die Satzschlusszeichen.**

A Bestimmt hatten die Menschen damals keine Haustiere ___

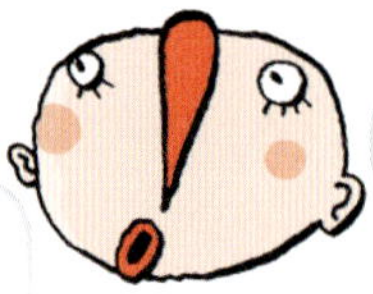

B Kannst du mir vielleicht weiterhelfen ___

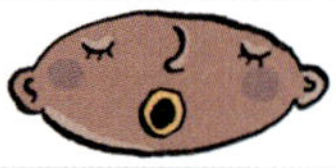

C Hatten die Menschen in der Steinzeit Haustiere ___

D Zahme Wölfe waren die ersten Haustiere der Steinzeitmenschen ___

b **Schreibe die Sätze B und D nach dem vorgegebenen Muster um.**

B ? → . Du kannst mir ______________________________

D . → ? ______________________________

2 a **Setze in dem folgenden Text die richtigen Satzschlusszeichen.**
b **Markiere Sätze im Text, bei denen es zwei Möglichkeiten für das Satzzeichen gibt.**

Wie wurde der Wolf zum Hund ___ Vermutlich hatten Steinzeitkinder die Idee, Wölfe zu zähmen ___ Sie fanden wahrscheinlich verlassene Wolfswelpen und nahmen sie mit nach Hause ___ Dort fütterten die Kinder die Welpen mit Essensresten und freundeten sich mit ihnen an ___

Dadurch wurden die Welpen zahm ___ Die Tiere betrachteten die Kinder als ihre Familie und liefen nicht weg ___ Sie ahmten sogar menschliche Gesichtszüge nach, wie zum Beispiel ein menschliches Lächeln ___ Kein wilder Wolf würde so etwas tun ___ Später gingen die zahmen Wölfe mit auf die Jagd ___

Satzglieder erkennen

Methode **Satzglieder erkennen: Die Umstellprobe**

- Ein Satz besteht immer aus mindestens zwei Bausteinen, die man **Satzglieder** nennt.
- Ein Satzglied kann aus einem Wort oder aus mehreren Wörtern bestehen.
- Mit der **Umstellprobe** kann man herausfinden, welche Wörter ein Satzglied bilden. Sie bleiben bei der Umstellung zusammen, z. B.:
  [Sie] [fand] [in einer Höhle] [geheimnisvolle Bilder]. – *[In einer Höhle] [fand] [sie] [geheimnisvolle Bilder].*

1 **Über welchen sensationellen Fund wird hier berichtet?**

a **Ordne die Wörter im Kasten zu einem sinnvollen Aussagesatz und schreibe ihn auf. Achte auf das Satzschlusszeichen.**

entdeckte • ein • in • uralte • neunjähriges • Spanien • Höhlenzeichnungen • Mädchen

In ______________________

b **Stelle den Satz zweimal um.**

Ein ______________________

Uralte ______________________

c **Bestimme die Satzglieder des Satzes. Rahme dazu die Wörter ein, die immer zusammenbleiben.**

2 a **Stelle die folgenden Sätze jeweils einmal um. Prüfe, ob du das Satzschlusszeichen verändern musst.**

b **Rahme die Satzglieder ein.**

A Die Steinzeitmenschen malten oft verschiedene Tiere an die Höhlenwände.

____

B Die Steinzeitmenschen mischten die Farben aus Holzkohle, Pflanzensäften und Gesteinen.

____

____

C Malten sie mit Pinseln aus Tierhaaren oder Zweigen?

____

3 **Bilde aus den folgenden Satzgliedern zwei sinnvolle Aussagesätze und schreibe sie ins Heft.**

suchten • lebten • in Höhlen • die Steinzeitmenschen • als Nomaden • lange • sie • Schutz

4 a **Lies den Schülertext und schreibe eine passende Überschrift über den Text. Wähle dazu drei geeignete Satzglieder aus dem Kasten aus.**

gingen • arbeiteten • lebten • in die Schule • in der Höhle • Wildschweine • Steinzeitkinder • Kräuter

b **Lies den Text noch einmal und unterstreiche Wiederholungen in den Satzanfängen.**

c **Stelle die Satzglieder in den Sätzen mit Wiederholungen so um, dass der Text abwechslungsreicher klingt. Schreibe den überarbeiteten Text auf die Linien.**

In der Steinzeit gab es keine Schulen. In der Steinzeit lernten die Kinder alles von ihren Eltern. Sie begleiteten die Erwachsenen bei ihren täglichen Arbeiten. Sie spielten die Aktionen der Erwachsenen auch nach. Sie jagten beispielsweise mit selbstgebauten Speeren ein ausgedachtes Wildschwein. Sie halfen auch beim Sammeln von Beeren und Pilzen. Sie merkten sich dabei die guten Stellen. Steinzeitkinder unterschieden giftige und ungiftige Kräuter. Sie beherrschten sogar das Feuermachen.

5 a **Bilde aus den folgenden Satzgliedern einen Satz und schreibe ihn ins Heft.**

die Menschen • einfache Naturmaterialien • zur Werkzeugherstellung • viele Jahrtausende lang • nutzten

b **Wie oft kannst du diesen Satz umstellen? Notiere alle Möglichkeiten in dein Heft.**

Das Prädikat bestimmen

Information **Das Prädikat**

- Der **Kern des Satzes** ist das Prädikat. Es gibt an, was jemand tut oder was geschieht.
  So kann man es erfragen: *Die Forscher entdeckten rätselhafte Steinriesen.*
  Frage: *Was taten die Forscher?* → *Sie entdeckten rätselhafte Steinriesen.*
- Prädikate werden aus **Verben** gebildet.
- Im Aussagesatz steht das einteilige Prädikat immer **an zweiter Satzgliedstelle.**

1 **Prädikat gesucht! Ergänze die Schlagzeilen mit Hilfe passender Prädikate aus dem Kasten.**

verraten • verschweigen • bejubeln • vergessen • besprechen • erklären

A Große Freude! Forscher ______________________ ihre Entdeckung

B Gedächtnisschwund? Forscher ______________________ ihre Entdeckung

C Endlich! Forscher ______________________ ihre Entdeckung

D Mysteriös! Forscher ______________________ ihre Entdeckung

2 **In den folgenden Sätzen fehlen die Prädikate.**

a An welcher Stelle im Satz muss das Prädikat jeweils stehen? Kennzeichne mit einem Kreuz.

Das Rätsel von Stonehenge

Bereits vor über 7000 Jahren X in Europa riesige Steinmonumente.

In Großbritannien bis heute seltsame Steinblöcke auf einem freien Feld.

Die Steinriesen von Stonehenge über 40 Tonnen.

Forscher über die Bedeutung der Monumente. Vielleicht sie ein Tempel oder eine Sternwarte?

b Ergänze in jedem Satz ein passendes Prädikat aus dem Kasten und schreibe die vollständigen Sätze auf.
Tipp: **Nicht alle Prädikate passen.**

verschwanden • entstanden • waren • stehen • rätseln • befestigten • wiegen • verloren

____

____

____

____

____

Information **Das zweiteilige Prädikat: Die Prädikatsklammer**

- Prädikate können auch aus **zwei Teilen** bestehen.
  Dann steht ein Teil des Prädikats **an der zweiten Stelle** des Aussagesatzes (nach dem ersten Satzglied) und der andere Teil meist **am Schluss,** z. B.:
  Forscher wollen das Geheimnis von Stonehenge lüften. Sie teilen ihre Erkenntnisse mit.
- Da die zwei Prädikatsteile andere Satzglieder einklammern, spricht man von einer **Prädikatsklammer.**

3 a **Ergänze den folgenden Satz Schritt für Schritt um die drei Satzglieder im Kasten.**

vor langer Zeit • auf einem Feld • senkrecht

A Steinzeitmenschen stellten Felsblöcke auf.

B Steinzeitmenschen stellten Felsblöcke

C

D

b **Markiere in allen Sätzen oben die zwei Teile des Prädikats.**
c **Formuliere aus Satz C eine Frage, indem du die Satzglieder umstellst. Markiere das Prädikat.**

4 a **Unterstreiche in den folgenden Sätzen A bis C jeweils das Prädikat.**
b **Formuliere die Sätze um. Verwende dabei die Verben in Klammern. Tipp: Beachte die Zeitform (Präteritum).**
c **Markiere in den neuen Sätzen jeweils die beiden Teile des Prädikats und zeichne die Prädikatsklammer ein.**

A Die Steinzeitmenschen errichteten das Steinmonument von Stonehenge. *(aufbauen)*

B Vermutlich transportierten sie die Steine mit Seilen und Holzschlitten. *(heranschaffen)*

C Bisher löste niemand das Rätsel von Stonehenge. *(aufklären)*

5 a **Welche Verben im Kasten bilden zweiteilige Prädikate? Markiere sie.**
b **Bilde zu den markierten Verben jeweils einen Satz im Heft.**

benutzen • ausgraben • herausfinden • erklären • mitnehmen • vermuten • ausprobieren • ansehen • herstellen

Das Subjekt ermitteln

Information **Das Subjekt**

- Prädikate brauchen im Aussagesatz ein **Subjekt.**
- Das Subjekt erfragt man mit **Wer oder was ...?.** Es steht immer im **Nominativ** (1. Fall, ▸ S. 43).
- **Subjekt und Prädikat** eines Satzes sind eng aufeinander bezogen. Das Subjekt bestimmt die Form des Prädikats, z. B.: *Der Archäologe entdeckt eine Tonschale.* → *Die Archäologen entdecken eine Tonschale.*
- Subjekte können aus einem Wort oder aus mehreren Wörtern bestehen.

1 **In den Sätzen A bis I sind die Subjekte durcheinandergeraten.**

a **Unterstreiche in jedem Satz das Subjekt. Frage danach *Wer oder was ...?*.**

b **Kläre mit Hilfe des Bildes, wer oder was etwas tut. Streiche in jedem Satz das falsche Subjekt durch und schreibe die Sätze mit dem jeweils richtigen Subjekt auf.**

A ~~Die Sonne~~ parkt auf dem Gelände. ______________________

B Eine Katze fährt Sand mit einer Schubkarre weg. ______________________

C Ein Mann schläft unter dem Stuhl. ______________________

D Ein Bus sortiert Tonschalen. ______________________

E Eine Schaufel scheint heiß. ______________________

F Eine Archäologin liegt auf dem Boden. ______________________

G Sand weckt die schlafende Katze. ______________________

H Das Hupen des Busses fliegt über die Ausgrabungsstelle. ______________________

I Ein Vogel wirbelt plötzlich auf. ______________________

c **Stelle die Sätze A bis I so um, dass das Subjekt jeweils nach dem Prädikat folgt. Schreibe ins Heft und achte darauf, dass die Sätze Aussagesätze bleiben:** *A Auf dem Gelände parkt ein Bus.*

d **Unterstreiche das Subjekt in jedem umgestellten Satz.**

2 **a** **Bestimme in den Sätzen A bis E die Subjekte. Notiere dazu jeweils die passende Frage mit *Wer oder was?*.**
b **Unterstreiche das Subjekt in jedem Satz.**
c **Stelle die Sätze so um, dass das Subjekt am Satzanfang steht.**

A Feine Erdschichten trägt ein junger Helfer ab.

Wer oder was trägt feine Erdschichten ab?

Ein junger Helfer trägt

B Winzige Einzelheiten erkennt das Mikroskop.

C In dunklen Höhlen bringt eine Taschenlampe Licht ins Dunkel.

D Kleinste Tonscherben und winzige Reste fängt ein Sieb auf.

E Die Länge und Breite von Fundstücken misst der Ausgrabungsleiter.

3 **In den folgenden Nachrichtenmeldungen fehlt das Subjekt. Wer oder was könnte es gewesen sein? Denke dir passende Subjekte aus und ergänze sie.**

A ______ **stiehlt ein wertvolles Fundstück.**

B ______ entdecken eine versunkene Stadt.

C ______ verkauft einen Goldschatz.

D ______ **entziffert eine Geheimschrift.**

E ______ finden einen Geheimgang.

F ______ verrät ein lang gehütetes Geheimnis.

4 **Wo versteckt sich in diesem Satz das Subjekt? Unterstreiche es.**

Nach monatelangen Grabungen bei unerträglicher Hitze mit einem fünfköpfigen einheimischen Team fand er in einer afrikanischen Wüstengegend schließlich mehrere über zwei Millionen Jahre alte Steingeräte.

Akkusativobjekt und Dativobjekt unterscheiden

Information **Die Objekte**

- Manche Sätze bestehen nur aus Subjekt und Prädikat, z. B.: *Der Wissenschaftler forscht.*
- Die meisten Prädikate brauchen aber außer dem Subjekt weitere Satzglieder, die **Objekte.**
- Satzglieder, die man mit **Wen oder was …?** erfragt, heißen **Akkusativobjekte,** z. B.:
  Der Wissenschaftler entdeckt eine versunkene Stadt.
  (Wen oder was entdeckt der Wissenschaftler? → eine versunkene Stadt)
- Satzglieder, die man mit **Wem …?** erfragt, heißen **Dativobjekte,** z. B.:
  Der Wissenschaftler dankt dem Helfer. (Wem dankt der Wissenschaftler? → dem Helfer)
- Objekte können aus einem Wort oder aus mehreren Wörtern bestehen.

1 a **In dem folgenden Text enthält jeder Satz ein Akkusativobjekt. Erfrage das Objekt jeweils mit *Wen oder was …?* und unterstreiche es.**

Machu Picchu – Die „Stadt in den Wolken"

1450 bauten die Inka eine Stadt auf einem hohen Berg in Peru. Nach hundert Jahren verließen die Bewohner ihre Siedlung. Über 300 Jahre lang fand niemand die leeren Häuser. 1911 bereiste der Amerikaner Hiram Bingham das Land Peru. Dabei entdeckte er ganz zufällig die verlassene Stadt. Ein Indianerjunge hatte bei seinen Streifzügen auf dem Berg Ruinen gesehen. Er wollte sie dem Mann aus Amerika zeigen. Dieser nahm den Tipp dankbar an. Bis heute kann man in der Ruinenstadt Machu Picchu vollständig erhaltene Bauernhütten, Handwerkshäuser, Paläste und Tempel und sogar ein Gefängnis sehen. Aber die Stadt gibt den Forschern noch viele Rätsel auf.

b **Ergänze in den folgenden drei Sätzen zum Text passende Dativobjekte aus dem Kasten.**

dem Reisenden • dem Jungen • dem Amerikaner • seiner Stadt • dem Inder • dem Land

A Ein Indianerjunge half.

B Der Indianerjunge zeigte den Weg.

C Hiram Bingham dankte.

2 **Im folgenden Text stehen einige Objekte noch nicht im richtigen Fall (Kasus).**
a **Entscheide, ob ein Akkusativobjekt oder ein Dativobjekt fehlt. Setze das Nomen in Klammern im richtigen Fall ein.**
b **Unterstreiche die Akkusativobjekte orange, die Dativobjekte blau.**

Auf dem Weg zum Gipfel

Im 15. Jahrhundert besaßen die Inka in Peru nicht nur ein riesiges Herrschaftsgebiet, sondern auch viel Gold und Silber. Als die Spanier 1532 das Land *(das Land)* eroberten, raubten sie ____________ *(die Indianer)* große Teile ihres wertvollen Besitzes. Seither wollten immer mehr Abenteurer und Forscher ____________ *(die Schätze)* auf die Spur kommen, die sich im unzugänglichen Dschungel befinden sollten. Hiram Bingham reiste 1911 nach Peru. Der Gedanke, auf seiner Entdeckungstour ____________ *(ein Goldschatz)* zu finden, gefiel ____________ *(der Forscher)*. Als ein Bauer ____________ *(der Archäologe)* von sagenumwobenen Ruinen auf einem Bergrücken erzählte, war Bingham nicht mehr zu halten. Mit einem Begleiter machte er sich auf den Weg. Zu zweit überquerten sie ____________ *(ein Fluss)* und kletterten im Dauerregen ____________ *(eine Steintreppe)* hinauf. Ein Indianerjunge zeigte ____________ *(die Fremden)* schließlich ____________ *(der Weg)* zur verlassenen Stadt Machu Picchu.

3 **In den folgenden Sätzen wurden Akkusativobjekte und Dativobjekte nicht richtig gebildet.**
a **Berichtige die Sätze so, dass sie sinnvoll sind.**
b **Unterstreiche die Akkusativobjekte orange, die Dativobjekte blau.**

VORSICHT FEHLER!

A Hiram Bingham beschreibt den Begleiter seinem Vorhaben.

____

B Der Begleiter erklärt den Forscher einer Abkürzung.

____

C Der Archäologe zeigt seinen Begleiter der Stadt.

____

4 **Stelle die drei Sätze von Aufgabe 3 so um, dass das Dativobjekt jeweils am Satzanfang steht.**

A ____________

B ____________

C ____________

5 **Die Ruinenstadt Machu Picchu zieht heute viele Touristen an.**

a **Formuliere Sätze mit Dativobjekt und Akkusativobjekt. Setze dazu die vorgegebenen Nomen in den richtigen Fall.**

b **Unterstreiche in deinen Sätzen die Dativobjekte blau und die Akkusativobjekte orange.**

A Ein Reiseleiter zeigt ... *eine Touristengruppe / die berühmte Sehenswürdigkeit*

B Ein Mädchen schickt ... *seine Freundin / eine Postkarte*

C Ein Archäologe beschreibt ... *sein Mitarbeiter / der Weg*

D Ein Vater kauft ... *seine Kinder / ein Eis*

E Ein alter Mann erzählt ... *die Touristen / eine indianische Legende*

F Ein Hund stiehlt ... *eine Reisegruppe / der Proviant*

G Ein Wissenschaftler erklärt ... *ein Arbeitskollege / die Ruinenanlage*

c **Wähle einen Satz aus und stelle diesen so oft wie möglich um. Wie viele Möglichkeiten findest du?**

6 a **Formuliere mit Hilfe der Verben im Kasten Sätze mit Dativ- und Akkusativobjekt.**

b **Unterstreiche in deinen Sätzen die Dativobjekte blau und die Akkusativobjekte orange.**

schreiben • stehlen • geben • bringen

Texte überarbeiten – Die Umstellprobe anwenden

Methode **Mit der Umstellprobe Texte überarbeiten**

- Mit Hilfe der Umstellprobe kann man Texte **abwechslungsreicher gestalten.**
- Auch die **Wiederholung von Satzanfängen** kann man **vermeiden,** wenn man die Satzglieder umstellt, z. B.: *Heute gehört Zahnpflege für uns zum Alltag. Heute ist sie nichts Besonderes mehr.*
  → *Heute gehört Zahnpflege für uns zum Alltag. Sie ist heute nichts Besonderes mehr.*

1 **Gibt es Zahnpflege nur in der Neuzeit? Lies die Sätze.**

A Bei einer Ausgrabung wurde ein uralter Alltagsgegenstand gefunden.

B Bei der Ausgrabung stieß man auf kleine Zweige.

C Die Entdeckung war eine Sensation.

D Die Menschen verwendeten die Zweige vor 5000 Jahren.

E Sie reinigten damit ihre Zähne.

2 **Gestalte mit den Sätzen A bis E (► Aufgabe 1) einen abwechslungsreichen Text.**

a **Ermittle in den Sätzen B und D die Satzglieder mit Hilfe der Umstellprobe. Umkreise alle Satzglieder.**

b **Prüfe, welche Satzglieder du in den Sätzen B, D und E an den Satzanfang stellen könntest. Markiere sie.**

c **Schreibe den Text neu auf.**

Die erste Zahnbürste der Welt

Bei einer Ausgrabung wurde ein uralter Alltagsgegenstand gefunden.

3 **a** **Beim folgenden Text besteht Überarbeitungsbedarf. Ermittle und umkreise die Satzglieder.**

Heute kann man Zahnpasta überall kaufen. Heute ist Zahnpasta nichts Besonderes. Schon vor langer Zeit benutzten die Menschen Zahnreinigungsmittel. Schon 4000 v. Chr. gab es eine erste Zahnpasta. Mit Bimsstein und Essig reinigte man die Zähne. Mit diesen Mitteln wurden sie ziemlich sauber.

b **Gestalte den Text abwechslungsreicher.**
Markiere jeweils das Satzglied, das am Satzanfang stehen soll.

c **Schreibe den Text in überarbeiteter Form in dein Heft und ergänze eine Überschrift.**

4 a **Lies den Text aufmerksam und unterstreiche Textstellen, die weniger gut gelungen sind.**
b **Überarbeite den Text. Stelle dabei in einzelnen Sätzen die Satzglieder um.**

Feuerzeuge in der Steinzeit?
Splitter des Mineralgesteins Pyrit, einen Feuerstein und einen trockenen Zunderschwamm benutzten die Steinzeitmenschen, um Feuer zu machen. Mit dem Feuerstein schlugen sie auf das Pyrit. Die Funken entstanden dabei. Die Funken entzündeten den Zunderschwamm. Sie brachten damit das Holz zum Brennen. Moderne Feuerzeuge orientieren sich an dieser uralten Technik. Sie enthalten zwar kein Pyrit mehr. Sie funktionieren aber nach einem ähnlichen Prinzip. Durch die Reibung eines Zahnrads werden von einem Metallstück Späne abgerieben, die sich entzünden.

5 a **Stelle die ersten Sätze aus den Zeitungsmeldungen so um, dass man als Leser sofort erfährt, was entdeckt wurde. Schreibe in dein Heft.**
Tipp: Bestimme das Akkusativobjekt und stelle dieses an den Satzanfang.
b **Vergleiche mit dem Original: Welcher erste Satz gefällt dir jeweils besser? Kreuze ihn an.**

A Bei Straßenbauarbeiten fanden Bauarbeiter etwa 150 000 Jahre alte Spielzeugfiguren. Der Fund wurde …

B Eine Touristengruppe entdeckte bei einer Exkursion im Urwald einen bisher unbekannten Tempel. Dieser wurde offenbar …

C Durch Zufall fanden Schüler beim Spielen im Wald uralten Schmuck von unschätzbarem Wert. Wie die Polizei mitteilte, …

D Nach jahrelanger Forschungsarbeit enträtselte ein amerikanischer Forscher die Inschrift einer geheimnisvollen Tür. Auf einer Pressekonferenz …

Texte überarbeiten – Die Ersatzprobe anwenden

Methode **Mit der Ersatzprobe Texte überarbeiten**

Wenn Wörter häufig wiederholt werden, wirkt ein Text eintönig. Mit der **Ersatzprobe** kann man Satzglieder, die immer wieder vorkommen, durch andere Wörter ersetzen:

- Für **Nomen** setzt man Personalpronomen (▶ S. 46) ein, z. B.:
  Gestern stahl ein Dieb ein Gemälde. ~~Das Gemälde~~ Es war besonders wertvoll.
- **Verben** tauscht man gegen andere Verben aus, z. B.:
  Der Dieb verkaufte das Gemälde. Er ~~verkaufte~~ veräußerte es im Internet.

1 a **Unterstreiche in den Sätzen jeweils das Nomen, das sich wiederholt.**
b **Ersetze die unterstrichenen Nomen jeweils durch ein passendes Personalpronomen aus dem Kasten. Notiere es darüber.**

sie • es • es • er • ihr

Fürsorglicher Dieb

A Eine alte Frau besaß ein altes, sehr wertvolles Bild. Das Bild hing in ihrem Wohnzimmer.

B Das fand ein Dieb heraus. Kurzerhand brach der Dieb ein und stahl das Bild.

C Tage später entdeckte die Besitzerin das Bild wieder vor ihrer Tür. Das Bild war unbeschädigt.

D Die alte Frau entdeckte auch eine Tüte. Die Tüte enthielt etwas Geld und einen Brief.

E In dem Brief entschuldigte sich der Dieb bei der Besitzerin für seine Tat. Er empfahl der Besitzerin, sich von dem Geld ein neues Türschloss zu kaufen.

2 a **In dem folgenden Text wird ein Nomen sechsmal wiederholt. Unterstreiche die Wiederholungen.**
b **Überarbeite den Text. Notiere über die Wiederholungen passende Personalpronomen.**

Der gestohlene Inka-Schmuck

Vier Wochen nach seiner Tat brachte ein Dieb gestohlenen Inka-Schmuck zurück, weil den Dieb ein schlechtes Gewissen plagte. Der Dieb hatte als Fahrer für ein Ausgrabungsteam gearbeitet. Mit einem Generalschlüssel war es dem Dieb gelungen, in den Raum mit den Fundstücken zu gelangen. Dort hatte der Dieb den seltenen Schmuck gestohlen. Als der Forschungsleiter den Dieb auf den Diebstahl ansprach, gab der Dieb seine Tat zu.

3 a **Unterstreiche in den Sätzen A bis D die Prädikate.**
b **Kreise die Verben in Klammern ein, mit denen du das unterstrichene Prädikat ersetzen kannst. Streiche jeweils das Verb, das gar nicht passt.**

A Manchmal finden Touristen wertvolle Fundstücke wie alte Tonscherben. *(entdecken – stoßen auf – begegnen)*

B Einige von ihnen stehlen diese Scherben. *(klauen – stibitzen – erobern – entwenden)*

C Manchmal sehen Mitreisende den Diebstahl. *(beobachten – beachten – mitbekommen – entdecken)*

D Wissenschaftler berichten über die Bedeutung solcher Funde in Zeitungen. *(notieren – schreiben – informieren)*

4 **Überarbeite den folgenden Text mit Hilfe der Ersatzprobe.**
a **Lies den Text aufmerksam und unterstreiche Nomen und Verben, die häufig wiederholt werden.**
b **Ersetze die Wiederholungen durch Personalpronomen und Verben mit ähnlicher Bedeutung. Schreibe den überarbeiteten Text vollständig auf.**

Ein spätes schlechtes Gewissen

Der Chaco-Canyon ist ein berühmtes Reiseziel in den USA. Das Reiseziel zieht jedes Jahr unzählige Touristen an. An diesem Ort befinden sich die Ruinen eines alten Indianervolkes. Das Indianervolk lebte hier vor etwa 750 Jahren. In den Ruinen findet man immer wieder Spuren des alten Volkes. Touristen finden häufig Tonscherben im Sand. Touristen nehmen die Tonscherben dann als Andenken mit nach Hause. Doch einige plagt später ein schlechtes Gewissen. Sie versuchen das schlechte Gewissen loszuwerden und schicken die Scherben per Post zurück.

5 **Notiere zu jedem Verb mindestens zwei Verben mit ähnlicher oder gleicher Bedeutung.**

rufen: ____________________ gehen: ____________________

Teste dich!

Die Satzglieder

1 **a Stelle die Satzglieder des folgenden Satzes so um, dass sich die Aussage nicht verändert. Notiere die beiden sinnvollen Möglichkeiten.** PUNKTE |2

A Ben serviert seinen Gästen einen leckeren Nudelsalat.

B

C

b Unterstreiche in den Sätzen (B) und (C) die Satzglieder in verschiedenen Farben: das Subjekt (grün), das Prädikat (gelb), das Akkusativobjekt (orange), das Dativobjekt (blau). PUNKTE |8

c Untersuche die Sätze genauer. Ergänze die passenden Zahlen. PUNKTE |2

Die Sätze haben jeweils ______ Wörter und ______ Satzglieder.

2 **a Kreise die Satzglieder des folgenden Satzes ein.** PUNKTE |1

Erfand jemand dein Lieblingsessen?

b Schreibe den Satz so auf, dass ein Aussagesatz entsteht. PUNKTE |1

c Füge in den Aussagesatz die beiden folgenden Satzglieder ein. Schreibe den Satz neu auf. PUNKTE |2

vor langer Zeit | vielleicht

3 **a Unterstreiche die Satzglieder in den Sätzen (1) bis (8) in verschiedenen Farben: die Subjekte (grün), die Prädikate (gelb), die Akkusativobjekte (orange), die Dativobjekte (blau).** PUNKTE |8

(1) Nudeln schmecken vielen Menschen. (2) Haben Chinesen die Teigwaren erfunden? (3) Seit Kurzem hat man Gewissheit. (4) Ein chinesisches Forscherteam machte einen sensationellen Fund. (5) Es fand 4 000 Jahre alte Steinzeitspaghetti. (6) Die Reste zerfielen den Forschern. (7) Trotzdem entdeckten sie ein paar Besonderheiten. (8) Die Steinzeitmenschen verwendeten bestimmte Getreidesorten.

b Mit welchen Fragen kannst du die vier grau markierten Satzglieder erfragen? Notiere sie. PUNKTE |4

(1)

(3)

(4)

(6)

4 **Baue aus den folgenden Satzglied-Puzzleteilen einen Satz.**
Formuliere so, dass ein Satz mit einem Akkusativobjekt und einem Dativobjekt entsteht.

PUNKTE 1

kocht | eine Kartoffelsuppe | die Freunde | Mia

5 **Wer hat die Pommes erfunden? Die beiden Textteile A und B geben dir darüber Auskunft. Schreibe die Texte um, damit sie abwechslungsreicher klingen.**

A In Belgien herrschte 1680 ein strenger Winter. In ganz Belgien froren Flüsse und Seen zu.

Die Belgier aßen gern kleine frittierte Fische.

Die Belgier konnten aber in diesem Winter keine Fische fangen.

B Die Belgier frittierten in diesem Winter Kartoffeln. Die Belgier schnitten die Kartoffeln

in längliche Stücke und frittierten die Kartoffeln in heißem Fett.

Von Belgien aus verbreiteten sich die Pommes auf der ganzen Welt.

a **Überarbeite Text A mit Hilfe der Umstellprobe. Schreibe den Text neu auf.**

PUNKTE 4

b **Verbessere Text B mit Hilfe der Ersatzprobe. Schreibe auch Text B neu auf.**

PUNKTE 3

6 **Vergleiche deine Antworten mit den Angaben im Lösungsheft und zähle deine Punkte zusammen.**

☺ 36–30 Punkte	☺ 29–19 Punkte	☹ 18–0 Punkte
Gut gemacht!	Gar nicht schlecht! Wo hattest du Schwierigkeiten? Wiederhole die passenden Übungen auf S. 63–75.	Du solltest noch einmal üben! Arbeite S. 63–75 erneut durch.

Rechtschreibstrategien anwenden – Fehler vermeiden

Lesbar schreiben, deutlich sprechen

Methode Lesbar schreiben

Übe deine **Handschrift** so ein, dass sie auch Wort für Wort für andere sehr gut **lesbar** ist.
- Schreibe deine **Buchstaben deutlich** und **gleichmäßig.**
- Achte darauf, dass man deine **Buchstaben nicht verwechselt.**
- Behalte **eine Schreibrichtung** bei. Die Schrift sollte sich aber nicht zu stark nach rechts oder links neigen.

1 Wenn man Wörter am Telefon buchstabiert, spricht man deutlich das folgende Buchstabieralphabet.
a Wähle von den drei Schriftarten die aus, die du gelernt hast, und schreibe alle Wörter in Schönschrift ab.

A wie Anton ______
Ä wie Ärger ______
B wie Berta ______

C wie Cäsar ______
D wie Dora ______
E wie Emil ______

F wie Friedrich ______
G wie Gustav ______
H wie Heinrich ______

b Das Buchstabieralphabet geht noch weiter. Ordne ihm die folgenden Wörter alphabetisch zu.
Schreibe das ganze Buchstabieralphabet sauber und lesbar in dein Heft.

Nordpol **Y**psilon **O**tto **M**artha **V**iktor **L**udwig **Ö**konom **P**aula **Q**uelle **Sch**ule **R**ichard
Samuel **I**da **Ü**bermut **X**anthippe **T**heodor **J**ulius **Z**acharias **U**lrich **W**ilhelm **K**aufmann

c Buchstabiere mündlich deinen Namen nach dem Buchstabieralphabet.
d Schreibe deinen Namen gut lesbar nach dem Buchstabieralphabet auf.

______

2 Buchstabiere Wörter nach dem Buchstabieralphabet und lasse sie von Mitschülern erkennen.

Strategie: Schwingen – Wörter in Silben sprechen

Methode **Wörter schwingen**

- **Vor** dem Schreiben: **Sprich die Wörter deutlich in Silben.** Zeichne Silbenbögen in die Luft.
- **Beim** Schreiben: Sprich die Silben leise mit. Sprich nicht schneller, als du schreibst.
- **Nach** dem Schreiben: Prüfe, ob du richtig geschrieben hast.
  Lies Silbe für Silbe und unterlege jede Silbe mit einem Silbenbogen, z. B.:
  die Son nen blu me *die Ba na nen scha le*

1 **a** **Bereite die folgenden Wörter für ein Partnerdiktat vor. Zeichne dazu die Silbenbögen unter die Wörter.**

die Kar tof fel sup pe	die Hagelschauer	die Unwetterwarnung	die Gewitterwolken
die Rübenernte	die Winterkleiderstoffe	die Sommersonne	die Papageienarten

b **Decke die Wörter oben ab, lass sie dir diktieren und schreibe sie auf.**
Tipp: **Zeichne zur Kontrolle Silbenbögen ein und prüfe, ob du alles richtig geschrieben hast.**

c **Tausche mit deinem Lernpartner und diktiere nun ihm die Wörter.**

2 **Ziehe die Silbenbögen und notiere zu jedem Wort die Anzahl der Silben.**

Silbenbogenerfinder	Piratenaugenklappe
Puppenstubenzimmer	Kamelkarawanenreisegruppe

3 **a** **Suche die Fehler in den folgenden Wörtern. Sprich die Stelle, an der das Schwingzeichen steht, deutlich in Silben.**
b **Schreibe die Wörter richtig in dein Heft.**

VORSICHT FEHLER!

die Somerrosen die Gewiterblitze das Sommergmüse die Kirshkernweitspuckrbande

4 **a** **Schwinge die Sätze und unterlege alle Silben mit Silbenbögen.**
b **Schreibe die Sätze richtig in dein Heft.**

Es klapperten die Klapperschlangen, bis ihre Klappern schlapper klangen

und die Klapperschlangenkinder lauter sangen.

Die Krabbenfischer fischen frische Krabben und knabbern sie, sobald sie nicht mehr krabbeln.

5 **Suche weitere Zungenbrecher und schreibe sie richtig in dein Heft.**

Besondere Buchstaben – *sp, st, qu*

1 a Lies die folgenden Wörter deutlich in Silben. Zeichne die Silbenbögen ein.
b Markiere: An welcher Stelle sprichst du die Wörter anders, als du sie schreibst?
Tipp: Die eingeklammerten Wörter geben dir einen Hinweis.
c Ergänze die Sätze im unteren Teil der Tabelle.

die Spatzen	der Spaten	(der Schwarm)	starten	steigen	(schlafen)
der Spargel	die Speise	(die Schraube)	stellen	stauben	(schreiben)
Man spricht ______.			*Man spricht* ______.		
Man schreibt ______.			*Man schreibt* ______.		

2 a Lies die folgenden Wörter deutlich in Silben.
b Markiere die Stellen, an denen du anders sprichst, als du schreibst.

quer • die Quelle • bequem • das Aquarium • das Quadrat • der Quatsch • die Qualle • der Quark

c Ergänze den Satz: *Man spricht* ______, *aber man schreibt* ______.

3 Suche die zehn Wörter mit *qu*, die sich im Wortgitter verstecken. Schreibe sie neben dem Gitter auf.

Q	Q	U	E	L	L	W	A	S	S	E	R
Q	U	A	R	K	K	U	C	H	E	N	C
C	J	Q	U	E	R	D	E	N	K	E	R
G	K	M	A	G	E	R	Q	U	A	R	K
F	E	U	E	R	Q	U	A	L	L	E	E
M	Q	U	E	R	S	U	M	M	E	G	Z
Q	U	E	C	K	S	I	L	B	E	R	F
L	F	L	U	S	S	Q	U	E	L	L	E
Q	U	A	L	L	E	N	A	R	T	E	N
Q	U	A	T	S	C	H	K	O	P	F	A

4 Prüfe, ob die von dir gefundenen Sprech- und Schreibweisen auch für andere Wörter zutreffen.
Lege eine Tabelle im Heft an (Wörter mit *sp*, Wörter mit *st*, Wörter mit *qu*) und ergänze passende Beispiele.

Strategie: Verlängern – Einsilbige Wörter

Methode **Einsilber verlängern und schwingen**

- Bei **Einsilbern** kann man Buchstaben verwechseln oder nicht immer sicher zuordnen.
- Beim **Schwingen** jedoch kann man jeden Buchstaben deutlich hören, z. B.: *die We ge.*
- Damit man einen Einsilber schwingen kann, muss man eine Silbe anfügen: Man **verlängert** das Wort.

Beispiele für **Einsilber:**	*der Weg*	*still*	*rennt*
Verlängerte Einsilber:	*die We ge*	*still ler als*	*wir ren nen*

1 a **Schwinge die Wörter in dem folgenden Wortspeicher.**
b **Manche dieser Wörter sprichst du anders, als du sie schreibst.**
Markiere die Stelle im Wort, an der du anders sprichst, als du schreibst.

der Freund • die Freude • der Graben • der Tag • loben • die Stelle • wild • die Wand • der Zug • will • lügt • rennt • lebt • schwimmen • taub • bellt • rund • mild • kommt • treffen

c **Ordne die Wörter aus dem Wortspeicher in die richtige Liste ein.**
Verlängere dabei die Einsilber und setze das Strategiezeichen über die Verlängerungsstelle.
d **Zeichne Schwingbögen unter die verlängerten Wörter.**

Wörter, die man schwingen kann (man hört alles):

die Freude,

Wörter, die man verlängern muss:

der Freund – die Freunde,

2 **Ordne die Wörter aus Aufgabe 1 nach Wortarten.**

Nomen: der Freund,

Adjektive: wild,

Verben: will,

Strategie: Verlängern – Zweisilbige Wörter

Methode **Zweisilber verlängern und schwingen**

- Auch bei einigen **zweisilbigen Wörtern** hört man das Ende nicht deutlich, z. B. *der Anzug*.
- Wenn man sie **verlängert,** kann man sie wieder schwingen und jeden Buchstaben hören: *die An zü ge*.

1 a **Schwinge die Wörter im Wortspeicher.**
b **Markiere jeweils die Stelle, an der du anders schreibst, als du sprichst.**

der Erwerb • farbig • schäbig • gesund • der Betrieb • der Urlaub • der Anzug • der Betrug • der Verband • der Umzug • der Umstand • der Erfolg • der Gepard • kräftig

c **Kreuze die richtige Aussage an:**

- [ ] Die Problemstellen befinden sich alle am Wortanfang.
- [ ] Die Problemstellen befinden sich alle am Wortende.
- [ ] Die Problemstellen befinden sich alle in der Wortmitte.

2 a **Verlängere die Wörter aus Aufgabe 1 und ordne die Verlängerungswörter in die richtige Tabellenspalte ein.**
b **Setze jeweils das Strategiezeichen über die Verlängerungsstelle.**

Wörter mit *b*	Wörter mit *d*	Wörter mit *g*
die Erwerbungen		

3 a **Welche Wörter musst du verlängern, um die richtige Schreibung zu ermitteln? Markiere die unklaren Stellen mit dem Strategiezeichen. Die Anzahl der Verlängerungswörter steht in den Klammern.**
Achtung: Es kommen auch Einsilber und Wörter mit Doppelkonsonanten vor, wie auf Seite 81.
b **Schreibe die Verlängerungswörter auf die Linien.**

A Der Zug zog tausend Tonnen Sand zum Strand. (5) die Züge, ____

B Er hängt das Bild an die Wand. (3) ____

C Der Sturm tobt über das Land. (2) ____

D Das Kind streichelt seinem Hund das Fell. (3) ____

E Sie lässt am Strand den Sand durch ihre Hand rinnen. (4) ____

Strategie: Zerlegen – Zusammengesetzte Wörter

Methode **Zusammengesetzte Wörter zerlegen und verlängern**

- In zusammengesetzten Wörtern können sich **Verlängerungsstellen** verstecken.
- Unklare Auslaute und Einsilber findet man, indem man die Wörter zerlegt und dann verlängert, z. B.:

der Band | wurm – die Bänder

1 **a In welchen Wörtern verstecken sich Verlängerungsstellen? Zerlege die zusammengesetzten Wörter.**
b Markiere die Verlängerungsstellen mit dem Strategiezeichen.

die Wolkentürme der Hemdkragen die Winterwolken die Sonnenhitze die Wegbreite

der Regenbogen der Waldboden die Spargelstange die Zugverbindung der Ballwurf

c Schreibe die markierten Wörter zerlegt auf und notiere die Verlängerung dazu.

der Hemd/kragen – die Hemden,

2 **a Setze jeweils ein Wort aus dem blauen Koffer und eins aus dem orangefarbenen Koffer zu einem Wort zusammen. Schreibe die Zusammensetzungen mit ihrem Artikel auf.**
b Markiere alle Verlängerungsstellen mit dem Strategiezeichen. Schreibe die Beweiswörter dazu.

die Hand/tasche – die Hände,

c Kreuze die beiden richtigen Aussagen an.

- [ ] Die Verlängerungswörter befinden sich im blauen Koffer.
- [ ] Die Verlängerungswörter befinden sich im orangefarbenen Koffer.
- [ ] Der Artikel der zusammengesetzten Wörter richtet sich immer nach dem hinteren Wort.
- [ ] Der Artikel der zusammengesetzten Wörter richtet sich immer nach dem vorderen Wort.

3 **Markiere in fünf der folgenden Wörter die Verlängerungsstellen mit dem Strategiezeichen.**

der Blumensamen der Morgenstern der Abendstern die Sonnenwärme der Wandteppich

das Handballtor der Klugredner der Musterschüler die Sommersonne das Brennholz

Methode **Wörter mit Bausteinen zerlegen und verlängern**

Auch in Wörtern mit Bausteinen wie *-schaft, -bar, -lich, -ig* können sich Verlängerungsstellen verstecken. Dann muss man diese Wortbausteine abtrennen und den Wortstamm verlängern, um unklare Auslaute zu bestimmen, z. B.:

die Freund|schaft| – die Freunde; hand|lich| – die Hände.

4 **Suche im Wortgitter sieben Wörter mit der Nachsilbe *-lich*. Zerlege sie und notiere sie mit Verlängerungswort.**

L	I	E	B	L	I	C	H	U	I	B	F
L	Q	H	E	R	R	L	I	C	H	O	Z
W	U	N	G	L	A	U	B	L	I	C	H
C	E	N	T	Z	Ü	N	D	L	I	C	H
B	U	C	H	S	T	Ä	B	L	I	C	H
K	I	Ö	O	F	R	A	G	L	I	C	H
R	K	Ä	G	E	L	B	L	I	C	H	A

lieb/lich – lieben,

5 **a** **Markiere im Text fünf zusammengesetzte Wörter, die man schwingen kann, weil man sie schreibt, wie man sie spricht. Achtung: Die fett gedruckten Wörter gehören nicht zu den gesuchten Wörtern.**
b **Zerlege die fett gedruckten Wörter. Setze die Strategiezeichen und schreibe die Wörter mit Verlängerungswort ins Heft.**

Liebes Tagebuch,

wir sind zwar erst seit den Sommerferien in der neuen Schule, aber schon sind wir mit unserer Klasse im **Schullandheim** im Sauerland gelandet. Wenn doch nur die **endlos** langen Wanderungen nicht wären! Für mich als **Flachlandbewohner** sind das bereits richtige **Bergwanderungen,** und meine Wadenbeine schreien schon vor Muskelkater. Aber heute war es gut. Wir sind zur Mühlenkopfschanze nach Willingen gelaufen. Wenn man unten steht, ist sie **unvorstellbar** hoch. Man darf nicht auf die Schanze, aber einen steilen **Waldweg** daneben konnten wir wie die **Pfadfinder** erklettern und dann hinunterschauen.

6 **a** **Suche in der Fortsetzung vier Wörter, die man zerlegen muss. Setze die Strategiezeichen über die Wörter.**
b **Zerlege die Wörter und schreibe sie mit Verlängerungswort ins Heft.**

Oben kann einem schwindlig werden. Dass die Skispringer da freiwillig hinunterspringen, ist unglaublich. Wir sind dann mit dem Sessellift in den Ort gefahren und haben das Schwimmbad besucht. Danach hatten die freundlichen Lehrer Mitleid mit uns und ließen uns von einem Bus abholen.

Strategie: Ableiten – Wörter mit *ä* und *äu*

Methode **Wörter mit *ä* und *äu* ableiten**

- Der Vokal *e* und der Doppellaut *eu* sind leicht mit *ä* und *äu* zu verwechseln.
- **Normalerweise** schreibt man ***e* oder *eu*.**
- Wenn es **verwandte Wörter mit *a* oder *au*** gibt, dann schreibt man ***ä* oder *äu*,** z. B.:

die Welt – aber: *er hält,* denn es heißt: *halten*   *die Leute* – aber: *er läutet,* denn es heißt: *laut*

1 **Setze über die folgenden Wörter das Strategiezeichen für das Ableiten an die richtigen Stellen. Begründe die Schreibweise der Wörter durch ein Beweiswort mit *a* oder *au*, so wie im Methodenkasten.**

das Bellen – aber: die Bälle, denn: der ____ die Zeugen – aber: die Zäune, denn: ____

bessern – aber: wässern, denn: das ____ heute – aber: die Häute, denn: ____

die Kelten – aber: die Kälte, denn: k ____ beugen – aber: beäugen, denn: ____

2 **a Setze das Strategiezeichen für das Ableiten an die richtige Stelle.**
b Ergänze zu allen Wörtern mit *ä* oder *äu* ein Beweiswort.

das Mäuschen, denn: die Maus ____ das Kläuschen, denn: ____ das Täschchen, denn: ____

das Lämmlein, denn: ____ das Bähnchen, denn: ____ das Hähnchen, denn: ____

das Spätzchen, denn: ____ das Gäbelchen, denn: ____ das Täubchen, denn: ____

3 **Die Schreibung von *ä* oder *äu* bleibt in allen Wörtern einer Wortfamilie erhalten, z. B.:**
der Hahn: die Hähne, die Hähnchen, die Hähnchenzucht, der Hähnchenknochen …
Ordne die folgenden Wörter nach sechs Wortfamilien. Schreibe dazu jeweils alle Wörter einer Familie zusammen in dein Heft.

der Arm • klar • das Wasser • der Raum • der Schaden • die Macht • erklären • der Ärmel • bewässern • räumlich • entwässern • schädlich • mächtig • ausräumen • aufräumen • erklärbar • ärmellos • die Mächte • kurzärmelig • der Klärschlamm • die Entschädigung • der Schädling • der Bewässerungsgraben • unerklärlich • die Ärmellänge • das Gewässer • ohnmächtig • die Räumungsaktion • unschädlich • die Erklärung • der Räumungsverkauf • die Mächtigkeit

4 **Bilde einen Satz, in dem mindestens drei Wörter einer Wortfamilie mit *ä* oder *äu* vorkommen.**

____

5 **Trage die gesuchten Wörter in das Gitter ein.**

1 weiblicher Bauer
2 unerwünschte Kopfbewohner
3 kleine Pflaume
4 Begrenzung von Gärten
5 hat man im Schlaf
6 kleine Nagetiere
7 ballt man bei Wut
8 für Ordnung sorgen
9 anderes Wort für *oft*
10 darin wohnen Leute
11 kleine Mauer

1					Ä	U						
2					Ä	U						
3					Ä	U						
4					Ä	U						
5					Ä	U						
6					Ä	U						
7					Ä	U						
8					Ä	U						
9					Ä	U						
10					Ä	U						
11					Ä	U						

6 **In dem folgenden Text gibt es keine *ä*- und *äu*-Schreibung. Schreibe die markierten Wörter korrigiert mit Beweiswort auf.**

VORSICHT FEHLER!

Ein eltlicher Papagei saß gefreßig auf der Stange und krechzte so laut, dass man es in allen Reumen des Heuschens hören konnte. Das Gereusch hallte lenger in den Ohren, als man glauben konnte. Keiner konnte das Krechzen abstellen, der Vogel war einfach ungezehmt. Das regte auch die Nachbarn auf, die kein Verstendnis für das ungezogene, freche Tier hatten.

ältlicher, denn: alt;

7 **a Suche die elf Ableitungsfehler. Setze das Strategiezeichen an die Fehlerstelle.**
b Schreibe die markierten Wörter korrigiert mit Beweiswort in dein Heft.

VORSICHT FEHLER!

Unertreglich war, dass der Vogel wiederholt die nechtliche Ruhe störte. Heufig wurde er ausgerechnet nach Mitternacht putzmunter und störte die erholsamen Nechte der Bewohner. Diese wurden in ihren Treumen von den hesslichsten Gereuschen gequelt. Dafür schützte der Krach des Vogels alle Heuser in der Nehe vor Reubern.

Im Wörterbuch nachschlagen

Methode **Im Wörterbuch nachschlagen**

Wörter mit demselben Anfangsbuchstaben werden nach dem zweiten Buchstaben geordnet. Sind die ersten beiden Buchstaben gleich, wird nach dem dritten Buchstaben geordnet usw., z. B.:
*halb – Halb**f**inale – halb**h**erzig – halb**j**ährig – Halb**k**reis.*

1 Trage die fehlenden Buchstaben des Alphabets ein.

	B			E			H		J			M
		P				T					Y	

2 **a** Ergänze bei den folgenden Tieren jeweils den fehlenden Anfangsbuchstaben.
Tipp: Umkreise in der Tabelle von Aufgabe 1 die Buchstaben, die du schon verwendet hast.

___EGUAN ___AGUAR ___MSEL ___EERSCHWEINCHEN ___UALLE ___APAGEI

___EEADLER ___HU ___GEL ___ANZE ___ELFIN ___IENE ___RCA

___LEDERMAUS ___ASHORN ___ÄNGURU ___OBBE ___OLZWURM ___ECKE ___AUBE

___ENUSMUSCHEL ___HAMÄLEON ___ORILLA ___LEFANT ___AK

b Zu einem Buchstaben gibt es kein Tier. Es ist das ______________.

3 Schreibe die Tiere aus Aufgabe 2 nach dem Alphabet geordnet auf. Ergänze jeweils den Artikel.
Tipp: Falls du den richtigen Artikel nicht weißt, kannst du ihn im Wörterbuch nachschlagen.

die Amsel, ____

____

____

____

____

____

____

4 In welcher Reihenfolge findest du die folgenden Wörter im Wörterbuch? Nummeriere sie.

☐ auffressen ☐ aufheben ☐ aufklappen ☐ aufklären

☐ aufgeben ☐ aufgehen ☐ aufhebeln ☐ aufknacken

5 Schlage nach: Mit welchem Buchstaben fangen die meisten Wörter an? Es ist das ______________.

Texte überarbeiten – Die Strategien anwenden

1 **In dem Roman „Der Junge, der sich in Luft auflöste“ beschreibt der Erzähler Ted, wie er einen Tisch deckt. Wende die eingezeichneten Strategien an und suche die Fehler in den Wörtern.**

VORSICHT FEHLER!

Siobhan Dowd

Der Junge, der sich in Luft auflöste

In der Küche hatte Mum den Tisch zu voller Lenge von fast zwei Metern ausgezogen, sodass sechs Personen Platz haten, aber weil ich der Dünnste bin, musste ich mich an das eine kurze Ende quetschen, mit dem Rücken zur Verandatür. Mum hatte eine weiße Decke auf die Tischplate gelekt und ließ mich den Tisch decken, weil das meine Aufgabe war. Danach ging Kat einmal herum und schaute nach, ob ich auch alles richtik herum gelegt hatte, was völlig unnötik war, weil ich das Tischdecken sehr gut beherrsche. Ich stele mir Meser, Gabel und Löfel so vor, als weren sie ein Stromkreiß. Das Messer speist das hintere Ende des Löffels, und das vordere Ende des Löffels speist die Zinken der Gabel, und die Tischkate schließt den Kreis. Und zwichen jedem Teil mus ein Neunziggradwinkel liegen, also ist der Stromkreis ein perfektes Rechteck. Wenn man es so macht, kan überhaupt nichts schiefgehen. Kat hatte eine Vase mit Blumen aus dem Garten in die Mitte des Tisches gestellt. Und ein Holzbret mit massenweise Brot. Sie hatte unsere besten Gleser gedeckt, in denen von ihr gefaltete Servietten steckten, sodass jede über den Glasrant hinausguckte.

2 **Beweise, dass du die Wörter mit Hilfe der Strategien korrigieren kannst. Ordne die Wörter den Strategien zu. Schreibe sie dazu richtig auf die Linien.**

A SCHWINGEN: Deutlich in Silben mitsprechen; Buchstabenfehler im Wort, z. B.: *Muter* statt *Mutter*.

B VERLÄNGERN: Fehler bei Einsilbern und am Wortende, z. B.: *Berk* statt *Berg*, denn: *die Berge*. Schreibe die Wörter und ihre Verlängerungsform auf.

C ABLEITEN: Verwechslung von *e* und *ä*, *eu* und *äu*, z. B.: *die Beume* statt *die Bäume*, denn: *der Baum*. Schreibe beide Formen auf.

Teste dich!

Die Strategien anwenden

VORSICHT FEHLER!

1 **Suche die Fehler. Schwinge die Wörter und korrigiere sie.**

PUNKTE |4

Somermantel   Kumerkasten   Leseseselkisen   Zettlkasten

2 **Setze ein: *b/p*, *d/t* oder *g/k*?**

PUNKTE |18

***b* oder *p*?** der Urlau__ der Rau__ der Sta__ das Gra__ der Lei__ das Sie__

***d* oder *t*?** das Lan__ nieman__ hunder__ tausen__ run__ gesun__

***g* oder *k*?** der Umzu__ der Anora__ witzi__ die Meldun__ trauri__ der Anzu__

3 **Zerlege die Wörter. Setze zwölf Verlängerungszeichen an die richtigen Stellen.**

PUNKTE |12

die Handschuh   das Rollfeld   die Kunststofffenster   die Schreibtischschublade

der Kammmolch   der Rollladen   der Brummkreisel   das Wollkleid

4 **Vorsicht: Fehler! Hier sind alle Wörter mit *e* oder *eu* geschrieben.**
a Setze 9-mal das Strategiezeichen für Ableiten über die Fehlerstellen.
b Schreibe die korrigierten Wörter mit dem Beweiswort auf.

PUNKTE |9

VORSICHT FEHLER!

schrecklich • prechtig • glenzen • schwermen • die Hende • das Wesen •
bleulich • die Leute • die Wildseue • das Meuschen • heute • die Gereusche • das Gemeuer

5 **Prüfe deine Lösungen mit Hilfe des Lösungsheftes und schätze dich selbst ein.**

GESAMT |43

Ich kann ...				
Da bin ich sicher:				
Das muss ich noch üben:				
Hier kannst du wiederholen und üben:	S. 79/80	S. 81/82	S. 83/84	S. 85/86

Regeln zum Rechtschreiben – Auf Nummer sicher

Offene und geschlossene Silben unterscheiden

Information **Offene und geschlossene Silben**

- Enden Silben mit einem **Vokal,** nennt man sie offen, z. B: *die Ro se.*
- Enden Silben mit einem **Konsonanten,** nennt man sie geschlossen, z. B.: *die Kis te, die Brem se.*

1 **Schwinge diese Lautwörter.**
Markiere in den Silbenreihen alle offenen Silben grün und alle geschlossenen Silben orange.

faliraru papepapom hahaha sumsumsi

lalilalu sisasampam misusiso brumbasumpa

2 **Schwinge und markiere in den folgenden Nomen die Silben wie in Aufgabe 1.**

das Auto die Silbe der Bogen das Gemüse die Butterbrote die Sommerhose

3 **a Markiere im folgenden Kasten alle offenen Silben grün und alle geschlossenen Silben orange.**

Wol • Le • Wol • Nel • Ne • Kis • Mau • Lei • er • bel • ke • ke • le • te • ter • der • le
pflan • rei • mei • mer • strei • rei • wol • war • len • ten • ken • nen • ten • sen • zen • ten

b Bilde aus den Silben zweisilbige Wörter und sortiere sie nach A oder B.
Tipp: Aus der ersten Zeile des Kastens entstehen Nomen, aus der zweiten Zeile Verben.

A Wörter, bei denen die erste Silbe offen ist:

____

____

B Wörter, bei denen die erste Silbe geschlossen ist:

____

____

c Untersuche die folgenden Wörter und ordne sie unter A oder B ein.

morgen gestern heute hören dürfen schneiden wollen schauen warten

4 **Sprich die Wörter aus Aufgabe 3 c deutlich in Silben und kreuze die richtigen Aussagen an:**

– Wenn die Silbe offen ist, spricht man den **Vokal** *(a, e, i, o, u, ä, ö, ü)* ☐ kurz ☐ lang.

– Wenn die Silbe geschlossen ist, spricht man den **Vokal** *(a, e, i, o, u, ä, ö, ü)* ☐ kurz ☐ lang.

Doppelkonsonanten – Achte auf die erste Silbe

Information **Doppelkonsonanten**

- **Doppelkonsonanten** schreibt man nur, wenn die **erste Silbe** geschlossen ist, z. B.: *die Pup pe*.
- Stehen an der **Silbengrenze zwei verschiedene Konsonanten**, wird **nicht verdoppelt**, z. B.: *die Wes te*.

1 **Bei zweisilbigen Wörtern ist die Grenze zwischen den beiden Silben wichtig.**

a **Zeichne die Silbenbögen unter die Wörter in den Kästen A und B. Markiere die beiden Buchstaben an der Grenze.**

A

der König • die Robe • schreiben • die Hupe •
hobeln • lesen • reizen • geizen • quaken

B

die Kanne • die Robbe • wippen • die Puppe •
hoppeln • lassen • wetten • hoffen • wissen

b **Welche Aussagen stimmen? Ordne die Kästen den beiden richtigen Regeln zu. Schreibe vor die Regeln A oder B.**

☐ Man schreibt keine Doppelkonsonanten, wenn die erste Silbe offen ist.

☐ Man schreibt nie Doppelkonsonanten, wenn die erste Silbe geschlossen ist.

☐ Man schreibt Doppelkonsonanten, wenn die erste Silbe geschlossen ist.

☐ Man schreibt Doppelkonsonanten, wenn die erste Silbe offen ist.

2 **a** **Zeichne die Silbenbögen unter die Wörter im Kasten. Markiere die beiden Buchstaben an der Silbengrenze. Verwende für die Doppelkonsonanten orange und für die verschiedenen Konsonanten der anderen Wörter blau.**

Silbe • schwingen • bellen • stimmen • wollen • können • Punkte • winken • hinken •
Sonne • Himmel • Tonne • Brille • Grenze • Zettel • sollen • torkeln

b **Ordne die Wörter in die richtige Spalte der Tabelle ein.**

Wörter mit Doppelkonsonant in der Wortmitte	Wörter mit verschiedenen Konsonanten in der Wortmitte

3 **Kreuze das Ergebnis deiner Untersuchung an.**

☐ Man schreibt Doppelkonsonanten, wenn die erste Silbe geschlossen ist und man an der Silbengrenze zwei verschiedene Konsonanten hört.

☐ Man schreibt Doppelkonsonanten, wenn die erste Silbe geschlossen ist und man an der Silbengrenze nur einen Konsonanten hört.

4 **Suche für jede Tabellenspalte in Aufgabe 2 fünf weitere Beispiele.**

Methode **Doppelkonsonanten in Einsilbern und zusammengesetzten Wörtern erkennen**

Prüfe, ob ein Einsilber oder ein zusammengesetztes Wort mit Doppelkonsonant geschrieben wird:

- **Verlängere Einsilber,** z. B.: *er spinnt* – denn: *wir spin nen.*
- **Zerlege zusammengesetzte Wörter** und **verlängere** sie, z. B.: *das Spinn|rad* – denn: *wir spin nen.*

5 **a Schwinge die folgenden Verben für verschiedene Arten des Gehens und zeichne die Silbenbögen ein.**

hoppeln gehen laufen rennen trotten schreiten hinken humpeln hasten stelzen trotteln eilen

b Ordne die Wörter in die richtige Spalte der Tabelle ein.

Erste Silbe offen	Erste Silbe geschlossen	
	Zwei verschiedene Konsonanten	Zwei gleiche Konsonanten

6 **a Kreise in dem Suchrätsel zehn einsilbige Verbformen ein.**
b Schreibe die Wörter ab und begründe ihre Schreibweise durch ein Verlängerungswort.

L	B	R	E	N	N	T	U	D	Y
Q	B	K	N	A	L	L	T	Z	J
S	U	M	M	T	B	E	L	L	T
K	O	M	M	T	B	B	T	N	I
K	G	N	E	N	N	T	U	R	X
J	U	V	H	A	L	L	T	A	I
B	R	U	M	M	T	V	X	Ä	N
C	N	F	Ä	L	L	T	Ä	H	T
G	W	G	E	L	K	Ä	M	M	T
J	K	E	N	N	T	F	C	Y	U

brennt – brennen,

7 **Verben in der Vergangenheit haben Bausteine. Trennt man sie ab, findet man die Verlängerungsstellen. Beweise die Schreibweise jeweils wie im folgenden Beispiel:**

er konn|te – wir kön nen

er wollte – wir ______ er sollte – wir ______ er bellte – sie ______

er bestimmte – wir ______ er musste – wir ______ er schellte – wir ______

Merkwörter mit *aa, ee, oo*

Information **Merkwörter mit langen Vokalen**

Wenn die erste Silbe offen ist, spricht man den Vokal lang.
In diesem Fall treffen sich an der Silbengrenze ein Vokal und ein Konsonant und man schreibt in der Regel, wie man spricht. Zweisilbige Wörter kann man schwingen: *das Le ben, die No ten.*

Wenn die erste Silbe offen ist, können aber auch folgende Besonderheiten vorkommen:
- **doppelte Vokale:** *die **Moo** re, die **Bee** te,*
- ***ie:*** *l**ie** ben, kr**ie** gen,*
- ***h*** nach Vokal: *ge **h**en, die Zä**h** ne.*

1 **Setze die Silben aus den beiden Kästen zu Wörtern zusammen. Die erste Silbe soll offen sein. Diese Wörter kannst du schwingen. Du schreibst, wie du sprichst.**

ge • rei • rei • schei • Kä • Pfei • So • Mu

fa • fe • nen • ben • ben • se • ten • sik

geben,

2 **a** **Im Suchrätsel unten sind 24 Wörter mit doppeltem Vokal versteckt. Umkreise sie.**
b **Die Wörter aus dem Suchrätsel musst du dir merken, weil keine Strategie hilft. Schreibe die Wörter ab und ergänze bei Nomen den Artikel. Ordne dabei die Wörter nach den Vokalen.**

W	H	F	W	M	O	O	S	Z	I	K	N	A	B	P
T	F	F	G	B	E	L	T	O	L	P	M	R	T	D
K	L	E	E	S	C	H	N	E	E	A	R	M	E	E
S	V	E	S	M	X	T	P	H	D	O	O	F	Y	A
E	A	C	X	O	E	L	A	S	X	Y	T	E	E	T
E	A	B	N	O	A	B	E	E	R	E	M	K	L	E
L	L	E	L	R	W	S	C	H	B	D	V	Y	Z	E
E	L	O	S	V	W	E	H	E	E	R	N	Y	K	R
J	P	Y	A	S	R	E	S	T	E	H	L	E	A	O
N	M	P	A	A	R	I	O	Q	T	A	O	N	F	M
A	W	V	L	A	I	P	D	W	A	A	G	E	F	H
B	O	O	T	T	G	X	F	H	D	R	D	Z	E	Y
Y	Z	Z	O	O	L	S	W	H	Y	A	A	S	E	N

aa:

ee:

oo:

3 Die Schreibweise bleibt bei allen Wörtern einer Wortfamilie erhalten, z. B.: *die Waage, waagerecht.* Schreibe für jeden Doppelvokal (*aa, ee, oo*) möglichst viele Wörter einer Wortfamilie in dein Heft.

i oder *ie?*

Information **Wörter mit *ie***

Man schreibt Wörter in der Regel nur dann mit *ie*, wenn die **erste Silbe** offen ist und der **Vokal *i* lang** gesprochen wird, z. B.: *die Stie re*.

Achtung: Diese **Regel** gilt **nur für zweisilbige Wörter!**
Um die Regel anzuwenden, muss man Einsilber verlängern und zusammengesetzte Wörter zerlegen.

1 a Schwinge die folgenden Wörter und markiere den letzten Buchstaben der ersten Silbe.

bitten • knittern • siegen • schimpfen • binden • wiegen • kriechen • kriegen • sinken • sieben

b Sortiere die Wörter in die Tabelle ein.
c Kreuze in den beiden Tabellenspalten unten die jeweils richtige Aussage an.

Wörter mit *i*		Wörter mit *ie*
☐	Die erste Silbe ist offen. Sie endet mit einem Vokal.	☐
☐	Die erste Silbe ist geschlossen. Sie endet mit einem Konsonanten.	☐

2 Setze ein: *i* oder *ie?*
Verlängere wie im Beispiel die folgenden Einsilber, um die Regel für Wörter mit *i* oder *ie* anzuwenden.

er biegt – denn: bie gen *er singt – denn: sin gen*

er fr____rt – denn: ________ sie z____ht – denn: ________

er z____scht – denn: ________ sie s____bt – denn: ________

er r____cht – denn: ________ ihr w____sst – denn: ________

3 Zerlege die zusammengesetzten Wörter, um die Regel für Wörter mit *i* oder *ie* anzuwenden.
Markiere wie im Beispiel die Einsilber mit dem Strategiezeichen und beweise die Schreibweise, z. B.:

der Tier|han del – denn: Tie re

die Briefpost – denn: ________ das Kirchenlied – denn: ________ und ________

der Vielfraß – denn: ________ das Abziehbild – denn: ________ und ________

das Schließfach – denn: ________ der Tierfilm – denn: ________ und ________

Josef Guggenmos

Die vergesslichen Räuber

S___ben r___sige Räuber
zogen s___ben
r___sige Jacken an.
S___ben r___sige Räuber
schlüpften ___n s___ben r___sige Socken
und ___n s___ben r___sige St___fel
und setzten s___ben r___sige Hüte auf.

S___ben r___sige Räuber
schnallten s___ben r___sige Gürtel
mit s___ben r___sigen Säbeln um.
S___ben r___sige Räuber
humpelten durch den Wald,
aber nicht weit,
dann machten sie halt.
Sie r___fen: „Zu dumm!“
Und kehrten w___der um.

S___ben r___sige Räuber
humpelten w___der nach Haus.
S___ben r___sige Socken
und s___ben r___sige St___fel
reichen für s___ben r___sige Räuber nicht aus.

4 Lies den Text. Setze ein: *i* oder *ie?*

5 Markiere alle Wörter, die mit *ie* geschrieben werden. Zähle, wie oft sie vorkommen.

__________ (___ x) __________ (___ x) __________ (___ x)

__________ (___ x) __________ (___ x)

6 Welche Wörter mit *ie* kommen in allen drei Strophen vor? __________

7 Kreuze an, was die Räuber anhaben:

☐ Jacken ☐ Socken ☐ Stiefel ☐ Hosen ☐ Handschuhe
☐ Hüte ☐ Gürtel ☐ Säbel ☐ Hemden ☐ Kniestrümpfe

8 Erfinde eine weitere Strophe für dieses Gedicht oder schreibe das Gedicht in deinem Heft um.
Tipp: Schreibe über weitere fehlende Kleidungsstücke oder verwende andere Zahlen mit *ie* wie z. B. *vierzehn*.

Wörter mit *h*

Information | **Wörter mit *h***

Das ***h*** **in einsilbigen Wörtern** kann man nicht hören, z. B.: *das Reh, der Zahn.*

- Wenn man ein solches Wort **verlängert,** kann man das *h* in der Regel dann hören, wenn die **erste Silbe** offen ist, z. B:
  er steht – wir ste hen. (Das *h* öffnet die zweite Silbe.)
- Andere Wörter mit *h* sind **Merkwörter.** Man kann das *h* durch keine Strategie hörbar machen, z. B.:
  M *die Zäh ne,* M *die Büh ne.*

1 **a Sprich die Wörter deutlich. Markiere den Buchstaben, den man beim Sprechen nicht hört.**

sie fährt • es dreht • die Bahn • er zahlt • er steht • zehn • es blüht • sie zählt • er weht

b Bilde Verlängerungsformen und ordne die Wörter dem jeweiligen Strategiezeichen zu.

Man hört das *h*: ______________________________

M Man hört das *h* nicht: ______________________________

c Kreuze die drei richtigen Aussagen an:

- [ ] Das *h* steht nur dann, wenn die erste Silbe offen ist.
- [ ] Das *h* steht nur, wenn die erste Silbe geschlossen ist.
- [ ] Das *h*, das man hörbar machen kann, steht am Anfang der zweiten Silbe.
- [ ] Das *h*, das man nicht hörbar machen kann, steht am Ende der ersten Silbe.

2 **Wörter einer Wortfamilie schreibt man meistens gleich.**
a Markiere den Buchstaben *h* jeweils mit dem passenden Strategiezeichen M oder .
b Sortiere alle Wörter unten der jeweils passenden Wortfamilie zu.

der Hahnenkampf   der Gehsteig   das Bahngleis   der Drehpunkt   die Gehhilfe   die Hahnenfeder   drehbar
der Bahnfahrplan   der Gehweg   das Hähnchen   die Bimmelbahn   der Bahnhof   der Gehfehler
der Drehstrom   die Drehleiter   der Hahnentritt   der Hähnchenflügel   die Drehmaschine   der Hahnenschrei

Hahn: ______________________________

Bahn: ______________________________

gehen: ______________________________

drehen: ______________________________

3 **a Schreibe einen Satz in dein Heft, in dem mindestens drei Merkwörter mit *h* vorkommen.**
b Diktiere deinen Satz einer Lernpartnerin oder einem Lernpartner.

s oder *ß*? – Stimmhaft oder stimmlos

Information **Wörter mit *s* oder *ß***

Wörter mit *s* und *ß* sind als Einsilber kaum zu unterscheiden, z. B.: *das Gras* und *das Floß*.
Aber in der **verlängerten Form** kann man sie durch ihre Aussprache gut unterscheiden, z. B.:
die Grä ser – Das *s* wird **summend** gesprochen, man nennt das auch **stimmhaft.**

die Flö ße – Das *ß* wird **zischend** gesprochen, man nennt das auch **stimmlos.**

Tipp: Ein Wort mit einem *s*-Laut am Ende, das man nicht verlängern kann, wird immer mit *s* geschrieben, z. B: *niemals, als, was*.

1 a **Schwinge die folgenden Wörter und ordne sie in die Tabelle ein.**
b **Kreuze in den beiden Tabellenspalten unten die jeweils richtigen Aussagen an.**

lesen • heißen • grasen • spaßen • tosen • schießen • kreisen • weisen • losen • stoßen • reißen • dösen • gießen • fließen • grasen • blasen • spießen

Wörter mit *s*	Wörter mit *ß*
☐ Die erste Silbe ist offen.	☐ Die erste Silbe ist offen.
☐ Die erste Silbe ist geschlossen.	☐ Die erste Silbe ist geschlossen.
☐ Das *s* spricht man summend (stimmhaft).	☐ Das *ß* spricht man summend (stimmhaft).
☐ Das *s* spricht man zischend (stimmlos).	☐ Das *ß* spricht man zischend (stimmlos).

2 **Schreibe die Wörter von hinten nach vorn. Du findest Wörter, die am Ende mit *s* geschrieben werden.**

SIAM: der Mais	SUA:	SAWDNEGRI:
SE:	SAW:	SREDNA:
SELLA:	SLA:	SLAMEIN:
SAWTE:	SIB:	SANOZAMA: der

3 **Erkläre die *s*-Schreibung der Wörter in Aufgabe 2 mit Hilfe des Informationskastens. Schreibe in dein Heft.**

4 **a** **Markiere in den folgenden Sätzen die einsilbigen Verben mit *s* oder *ß*.**
b **Begründe die Schreibweise mit *s* oder *ß* durch Verlängern, z. B.:**

Er rast zurück nach Hause. – denn: rasen

Der Bach fließt durch die Stadt. – denn: ______

Er gießt seine Blumen. – denn: ______

Der Adler kreist über dem See. – denn: ______

Er beißt in den saftigen Apfel. – denn: ______

5 **Ergänze zu den folgenden Wörtern jeweils eine einsilbige Form.**

aßen – er aß ______ heißen – sie ______ losen – er ______ lösen – sie ______

beißen – er ______ lesen – sie ______ grasen – es ______ tosen – es ______

6 **In zusammengesetzten Wörtern wird die Schreibweise *s* oder *ß* beibehalten.**
Zerlege die folgenden Wörter wie in den Beispielen:

der Spaß|vogel – denn: spaßen *der Gras|fleck – denn: die Gräser*

der Fußabdruck – denn: ______ das Spaßbad – denn: ______

der Reißwolf – denn: ______ die Glasscherbe – denn: ______

die Weißglut – denn: ______ die Kreiswerfer – denn: ______

7 **Setze ein: *s* oder *ß*? Notiere das Beweiswort.**

das Hä___chen – denn: ______ das Glä___chen – denn: ______

die Sto___richtung – denn: ______ das Fu___gelenk – denn: ______

das Ma___band – denn: ______ das Lo___glück – denn: ______

8 **a** **Schreibe einen Satz auf, in dem mindestens drei einsilbige Wörter mit *s* oder *ß* vorkommen.**
b **Markiere die Wörter mit *s* oder *ß*.**

______

______

______

c **Verlängere die markierten Wörter mit *s* oder *ß* und notiere die Beweiswörter.**

Meine Verlängerungswörter: ______

ss oder *ß*? – Achte auf die erste Silbe

Information **Wörter mit *ss* oder *ß***

In der **zweisilbigen Form** kann man *ss* und *ß* gut unterscheiden, obwohl die *s*-Laute gleich klingen.

- Man schreibt ***ss***, wenn **die erste Silbe** geschlossen ist und die zweite Silbe nicht mit einem anderen Konsonanten beginnt, z. B.: *die Tas se*, aber: *die Tas **te***.
- Man schreibt ***ß***, wenn die **erste Silbe** offen ist, z. B.: *die Flö ße*.

Tipp: Verlängere Einsilber und **zerlege zusammengesetzte Wörter,** wenn du sicher sein willst.

1 **a** **Schwinge die Wörter. Markiere offene erste Silben grün und geschlossene erste Silben orange.**

die Grüße • die Bisse • außen • passen • die Risse • reißen • draußen • wissen • die Soße

b **Ordne die Wörter in die Tabelle ein. Kreuze in jeder Spalte zwei richtige Aussagen an.**

Wörter mit *ss*	**Wörter mit *ß***

☐ Die erste Silbe ist offen.
☐ Die erste Silbe ist geschlossen.
☐ Man spricht das *ss* zischend (stimmlos).
☐ Man spricht das *ss* summend (stimmhaft).

☐ Die erste Silbe ist offen.
☐ Die erste Silbe ist geschlossen.
☐ Man spricht das *ß* zischend (stimmlos).
☐ Man spricht das *ß* summend (stimmhaft).

2 **Beweise die richtige Schreibweise, indem du verlängerst.**

der Gruß – denn: ____________

der Stoß – denn: ____________

der Riss – denn: die ____________

der Kuss – denn: ____________

das Schloss – denn: ____________

der Genuss – denn: die ____________

3 **Trage richtig ein: *ss* oder *ß*?**

Fischer, die mit Flö___en auf Flü___en fahren, sind fischende Flu___flo___fahrer.

Flü___e, in denen Flo___fischer fischen können, sind Flo___flu___flü___e.

Fische, die die Flo___fahrer in den Flü___en fischen, sind keine Flo___fische, sondern Flo___flu___fische.

ss und *ß* in einer Wortfamilie

Information **Wörter mit *ss* und *ß* in einer Wortfamilie**

Manchmal gibt es innerhalb einer Wortfamilie Wörter, die mit *ss* geschrieben werden, und solche, die man mit *ß* schreibt.
- Man schreibt ***ss***, wenn die **erste Silbe geschlossen** ist, z. B.: *die Güs se.*
- Man schreibt ***ß***, wenn die **erste Silbe offen** ist, z. B.: *gie ßen.*

Tipp: Verlängere Einsilber und **zerlege zusammengesetzte Wörter**, wenn du sicher sein willst.

1 **Schwinge die Wörter in der Tabelle. Markiere jeweils den letzten Buchstaben der ersten Silbe und kreuze die richtigen Aussagen an.**

Wörter mit *ss*	Wörter mit *ß*
die Schüsse die Schlüsse die Risse die Bisse messen	schießen schließen reißen beißen die Maße
☐ Die erste Silbe ist offen.	☐ Die erste Silbe ist offen.
☐ Die erste Silbe ist geschlossen.	☐ Die erste Silbe ist geschlossen.
☐ Man spricht das *ss* zischend (stimmlos).	☐ Man spricht das *ß* zischend (stimmlos).
☐ Man spricht das *ss* summend (stimmhaft).	☐ Man spricht das *ß* summend (stimmhaft).

2 **Verben in verschiedenen Zeitformen (▶ S. 53–60): Verlängere die Verben und du weißt, wie sie geschrieben werden. Übertrage die Tabelle in dein Heft und ergänze sie.**

	Gegenwart (Präsens)	Vergangenheit (Präteritum)
gießen	Er gießt die Blumen. – denn: wir gie ßen	Er goss die Blumen. – denn: wir ...
schließen	Er ... die Tür. – denn: wir ...	Er ... die Tür. – denn: wir ...
fließen	Der Fluss ... langsam. – denn: sie ...	Er ... langsam. – denn: sie ...
beißen	Er ... in das Brötchen. – denn: wir ...	Er ... in das Brötchen. – denn: wir ...
zerreißen	Er zer... das Papier. – denn: wir ...	Er zer... das Papier. – denn: wir ...

3 **a Setze ein: *ss* oder *ß*?**
b Markiere die fünf Stellen mit dem Verlängerungszeichen, an denen du verlängern musst, um die Schreibweise zu begründen.

Die Blumen freuen sich über einen erfrischenden Wa___ergu___ aus der Gie___kanne.

Bei dem hei___en Wetter genie___en viele Menschen drau___en ein Eis und schlecken es genü___lich.

Flie___ende Gebirgsflü___e erfrischen den Wanderer, wenn er seine Hände darin na___ macht.

Ein schöner Abschlu___ ist ein Grillfest im Garten, mit dem man den Tag gemütlich beschlie___en kann.

Teste dich!

Die *s*-Schreibung

1 **Offen oder geschlossen? Ordne die folgenden Wörter nach ihrer ersten Silbe.**
Tipp: Einige Wörter musst du verlängern.

PUNKTE |14

die Kleider • die Hosen • die Waffel • die Schuhe • die Brille • die Bluse •
die Mitte • der Kopf • der Fuß • der Arm • der Zeh • der Mund • die Hand • der Hals

Erste Silbe offen	Erste Silbe geschlossen
________________	________________
________________	________________
________________	________________

2 **Kreuze die drei richtigen Aussagen an:**

PUNKTE |3

A ☐ Wenn die erste Silbe offen ist, stehen an der Silbengrenze ein Vokal und ein Konsonant.

B ☐ Wenn die erste Silbe geschlossen ist, stehen an der Silbengrenze ein Vokal und ein Konsonant.

C ☐ Wenn die erste Silbe geschlossen ist, stehen an der Silbengrenze zwei Konsonanten.

D ☐ Wenn die erste Silbe geschlossen ist, wird der Konsonant verdoppelt, wenn nicht zwei verschiedene Konsonanten an der Silbengrenze stehen.

3 **Setze ein: *s*, *ss* oder *ß*?**

PUNKTE |14

Ha___elnü___e gehören zu den ge___unden Nahrungsmitteln. Leider haben sie eine harte äu___ere Schale, weshalb man nicht einfach in sie hineinbei___en kann. Gut, dass es den Nu___knacker gibt. Ohne ihn mu___ man sich ziemlich quälen, um an die Nu___ zu kommen: Mit einem Me___er hätte man keine Chance, mit einem Hammer würde man mei___tens am Schlu___ nur Mu___ erzeugen, und dann würde das Nü___eknacken keinen Spa___ machen.

4 **Markiere die neun Fehler. Korrigiere sie.**

VORSICHT FEHLER!

PUNKTE |9

Im Sommer ist es meißtens meine Aufgabe,
die Blumen im Garten zu wäsern. Beser wäre es für mich,
wenn unsere Kaninchen die Blumen abfresen würden.
Aber zuverläsig wie ich bin, benutze ich die Gieskanne ausgiebig.
Dass meine Füse dabei nas werden, macht bei der Hitze sogar Spas.

____
____
____

5 **a Kontrolliere deine Lösungen mit Hilfe des Lösungsheftes. Notiere die Punktzahl, die du erreicht hast.**
b Übe erneut die Aufgaben, bei denen du nur wenige Punkte erzielt hast.

GESAMT |40

Groß- und Kleinschreibung

Satzanfänge und Nomenproben

Information **Die Großschreibung**

Groß schreibt man **Überschriften, Satzanfänge, Nomen** und **Namen.**

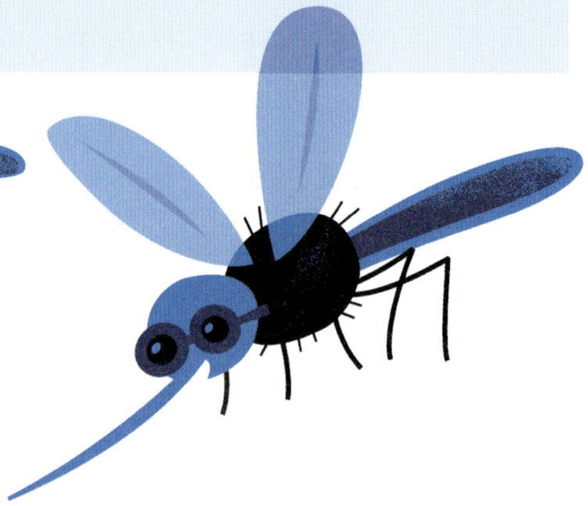

VORSICHT FEHLER!

boy lornsen

inka, minka und katinka

die tante schläft in ihrem bett.
doch hoch auf dem gardinenbrett,
da lauern schon drei mücken,
die ihre stacheln zücken.
links die inka.
rechts die minka.
in der mitte die katinka.

die tante schläft. jetzt hört man schon
am wohlbekannten mückenton,
wie sie mit leisem sirren
um tantes nase schwirren.
links schwirrt inka.
rechts schwirrt minka.
in der mitte schwirrt katinka.

die tante schläft. noch schläft sie gut.
drei mücken saugen tantenblut
mit langen rüsselstangen
aus beiden tantenwangen.
links saugt inka.
rechts saugt minka.
in der mitte saugt katinka.

die tante wacht, weil sie was sticht.
sie hebt die hand und hält gericht.
und was man lebend kannte,
klebt jetzt tot auf einer tante.
links klebt inka.
rechts klebt minka.
in der mitte klebt katinka.

ihr leben war nur kurz.
der tante ist das schnurz.

1 a Kreise im Gedicht alle Satzanfänge mit Bleistift ein. Wie viele hast du gefunden? Notiere. ____________

b Welche fünf Namen findest du in und über dem Gedicht? Schreibe sie richtig auf.

c Schreibe alle Nomen aus dem Gedicht mit ihrem Artikel auf. Schreibe die Nomen groß.

2 Markiere im Text fünf Wörter, die aus zwei Nomen zusammengesetzt sind. Erkläre ihre Bedeutung.

Nomen durch Proben erkennen

Methode **Nomen mit der Artikelprobe erkennen**

- **Artikelprobe:** Vor Nomen stehen Artikel, oder man könnte den Artikel setzen, z. B.: *das Haus*.
- Setzt man Artikel vor Verben, werden sie zu Nomen und großgeschrieben.
- In zusammengesetzten Wörtern bestimmt das letzte Wort den Artikel, z. B.: *das Affenhaus*.

1 a Was bedeutet das Wort *Abfallverwertung*? Lies das Gedicht.
b Wieso lohnt es sich? Verwende für die Lösung von jedem Wort den Anfangsbuchstaben.

c Beweise für jedes Wort im Gedicht, dass es sich um ein Nomen handelt. Schreibe den Artikel davor.

Josef Guggenmos
Abfallverwertung

____ Glasscherbe
____ Orangenschale
____ Löffelstiel
____ Dachrinne
____ Bierflasche
der Apfelbutzen
____ Radieschenschwanz
____ Rechenheft
____ Eimer
____ Nagel
Lauter weggeworfenes Zeug! Was tun damit?
Nimm von jedem etwas! Es lohnt sich.

2 Erfinde ein eigenes Gedicht nach dem gleichen Muster. Trage in die Kästchen oben zuerst dein Lösungswort ein. Ergänze anschließend passende Nomen und eine Überschrift.

VORSICHT FEHLER!

3 a Schreibe die folgenden Zungenbrecher richtig in dein Heft. Markiere die Nomen.
b Umkreise das Wort, das als Verb und als Nomen vorkommt.

Fromme frösche fressen frische frühlingszwiebeln, aber freche frösche fressen frische früchte.

Kleine katzen und kleine kinder kugeln gern mit kugeln und klinkern.

Methode **Nomen an Endungen erkennen**

- **Endungsprobe:** Nomen können auf *-heit, -keit, -ung, -nis,-schaft, -tum* enden, z. B.: *Gesund**heit**, Heiter**keit**, Umgeb**ung**, Ereig**nis**, Bekannt**schaft**, Reich**tum**.*

4 **a** Lies die Wörter von hinten nach vorn. Verbinde jede Reihe mit einer passenden Nomenendung.

farbig, gleichzeitig, freundlich, heiter	-ung
taub, krank, stur, wild	-keit
Brauch, Alter, eigen, heilig	-heit
erleben, ergeben, hindern, Zeuge	-schaft
hervorheben, anheben, umgeben, ausgraben	-tum
Meister, Kenner, Verwandte, Nachbar	-nis

b Trage die vier Beispiele für jede Endung mit Artikel in die Tabelle ein. Achte auf die Großschreibung.
Tipp: Manchmal musst du beim Anhängen der Endung die bisherige Wortendung kürzen oder verändern.

-heit	-keit	-ung

-nis	-schaft	-tum

5 Bilde Nomen, indem du die passende Endung anhängst. Schreibe die Wörter mit Artikel in dein Heft.
Tipp: Manche Wörter kannst du auch mit zwei oder drei Endungen verbinden.

offen • geschlossen • rechnen • wirklich • empfindlich • entschieden • versteinern • ärgern • wissen • bescheiden • geheim • frech • höflich • dunkel • bitter • erklären • eigen

Methode **Nomen durch Proben erkennen**

- **Artikelprobe:** Vor Nomen stehen Artikel, oder man könnte den Artikel setzen, z. B.: ***der*** *Baum.*
- **Adjektivprobe:** Nomen kann man durch Adjektive genauer beschreiben, z. B.: *der* ***hohe*** *Baum.*
- **Zählprobe:** Nomen kann man oft zählen, z. B.: ***drei*** *Häuser,* ***viele*** *Häuser.*
- **Endungsprobe:** Nomen können auf *-heit, -keit, -ung, -nis, -schaft, -tum* enden, z. B.: *Gesund**heit**, Heiter**keit**, Umgeb**ung**, Ereig**nis**, Mann**schaft**, Eigen**tum**.*

6 a Lies den Text.
b Was haben Tauben und Papageien gemeinsam? Schreibe Notizen in dein Heft.

Tauben und Papageien

Stadttauben sind mit ihrem gelblich braunen und grauen Gefieder nicht gerade die attraktivsten Vögel und machen viel Dreck. Papageien hingegen leuchten in den schönsten Farben wie Rot, Smaragdgrün und Türkis und gehören mit ihren Knopfaugen und ihrer Fähigkeit, unsere Stimmen nachzuahmen und zu „sprechen", zu den reizvollsten Vögeln überhaupt. Tauben und Papageien haben jedoch einiges gemeinsam. Beide ernähren sich hauptsächlich von Samen und Früchten. Beide sind frech und neugierig, jedoch auch friedfertig und umgänglich. Und beide haben schon lange eine enge Beziehung zu den Menschen. Tauben leben in der Nähe von Dörfern und Städten oder sogar mitten unter uns. Viele Arten, einschließlich der Wellensittiche, die kleineren Mitglieder der Papageiengruppe, werden als Käfigvögel oder Haustiere gehalten. Tauben werden auf Schauen vorgeführt und aufgrund ihres erstaunlichen Orientierungssinns bei Wettflugveranstaltungen und sogar als Briefboten eingesetzt.

7 a Kreise im Text neun Nomen ein, die von einem Artikel begleitet werden. Markiere auch die Artikel.
Tipp: Manchmal steht der Artikel nicht direkt vor dem Nomen.
Achtung: Artikel sind auch *des, dem, den, der* und *ein, eine, einem …*
b Sieben Nomen werden von Adjektiven begleitet. Markiere die Adjektive und die Nomen grün.

c Welche drei Farben werden im Text als Nomen verwendet? Notiere sie. ______________________

8 Außer den Farben haben 15 verschiedene Nomen im Text gar keinen Begleiter.
Notiere diese Nomen und beweise durch eine der Proben aus dem Methodenkasten oben, dass es sich um Nomen handelt.

____

____

____

____

9 Zwei Nomen im Text oben werden von einem Zahlwort begleitet. Notiere sie mit den Zahlwörtern.

____

10 a Im folgenden Text wurden nicht alle Nomen großgeschrieben.
Entscheide mit Hilfe der Nomenproben (▶ S. 105), welche der hervorgehobenen Wörter Nomen sind.
Setze das Strategiezeichen für Nomen ×× über diese Wörter.

VORSICHT FEHLER!

Tauben

Neben den **tauben,** die in den städten verbreitet sind, gibt es weltweit noch fast 300 andere taubenarten, von großen **krontauben** bis hin zu winzigen **erdtauben.** Es gibt sowohl große und plumpe als auch kleine und schmale **tauben.** Alle ernähren sich von **pflanzensamen.** Ihre **nester** bauen sie fast alle in **bäumen. Tauben** sind **kraftvolle flieger** und können weite **strecken** zurücklegen. Deshalb wurden sie in der **vergangenheit** auch als **brieftauben** gehalten. Die meisten **tauben** geben traurig klingende **gurrlaute** von sich. Man kann sie in **parks, gärten** und auf städtischen **plätzen** hören. **Tauben** sind die **einzigen vögel**, die ihre **jungen** mit **„milch“** füttern, eigentlich einer milchigen **substanz,** die die eltern in ihrem **kropf** erzeugen.

b Drei Nomen sind im Text nicht hervorgehoben. Notiere sie. ______________________

c Zwei hervorgehobene Wörter sind keine Nomen. Notiere sie. ______________________

11 Der folgende Textabschnitt ist komplett kleingeschrieben.
a Markiere alle Satzanfänge.
b Setze das Strategiezeichen für Nomen ×× über alle Nomen.
c Schreibe den Text richtig in dein Heft ab.

VORSICHT FEHLER!

papageien

papageien sind tropische vögel mit einem kräftigen hakenschnabel und einem farbenfrohen gefieder. sie haben greifzehen, von denen zwei nach vorn und zwei nach hinten zeigen. aufgrund dieser anordnung kann der papagei in bäumen herumklettern, wobei er seinen schnabel als dritten fuß einsetzt. außerdem kann er beim fressen früchte und nüsse mit den füßen festhalten. papageien sind neugierig und untersuchen gegenstände mit großer sorgfalt. sie halten sie fest und picken daran herum, um festzustellen, ob es sich um etwas fressbares handelt.

12 Markiere im Text von Aufgabe 11 ein als Nomen gebrauchtes Adjektiv grün und ein als Nomen gebrauchtes Verb rot.

Teste dich!

Groß- oder Kleinschreibung?

1 **Kreuze an, welche der folgenden Wörter Nomen sind. Schreibe als Beweis einen Begleiter dazu.** PUNKTE /10

☐ GELD ______	☐ LECKER ______	☐ GONDEL ______	☐ GOLDEN ______
☐ HIRN ______	☐ HIRSCH ______	☐ HIRTE ______	☐ HEISS ______
☐ KLEIN ______	☐ KLEIDUNG ______	☐ KLEINARBEIT ______	☐ KATZE ______
☐ KLIMA ______	☐ HUNGRIG ______	☐ KLINGEL ______	☐ KLINISCH ______

2 **In dem folgenden Text wurden fälschlicherweise die Nomen kleingeschrieben. Wende eine der Nomenproben an, markiere die Nomen und schreibe sie mit dem Beweiswort richtig auf.** VORSICHT FEHLER! PUNKTE /33

Ob im wasser, hoch in den bergen, im eis oder in der wüste: Überall auf der erde leben tiere. Und natürlich

____

bekommen sie auch babys. Das geschieht auf sehr unterschiedliche weise. Manche tiere schlüpfen aus eiern, wie

____

etwa vögel, krokodile, pinguine oder schlangen. Andere wachsen im bauch ihrer mütter heran, wie die kinder von

____

elefanten, giraffen, hunden und katzen. Auch wenn sie dann geboren sind, geht es unterschiedlich weiter. Manche

____

tierbabys sind noch lange abhängig von ihren eltern. Dazu gehören bärenkinder. Sie sind so genannte nesthocker.

____

Sie verstecken sich einige monate mit ihrer mama in der bärenhöhle, bevor sie die welt erkunden.

____

Die zebras laufen sofort auf ihren wackeligen beinen los und können mit der herde mitziehen. Sie sind nestflüchter.

____

3 **Markiere die als Nomen verwendeten Adjektive orange und die als Nomen verwendeten Verben blau.** PUNKTE /7

Vom Füttern ihrer Brut sind die Altvögel oft ganz erschöpft. Sie suchen ständig etwas Fressbares für ihre Jungen. Während viele Menschen vom Gurren der Tauben ganz nervös werden, weil sie es als etwas Lästiges wahrnehmen, sehen die meisten Menschen in den Papageien wegen des bunten Gefieders etwas Schönes. Papageien lieben Nüsse. Beim Knacken setzen sie nicht nur ihren Schnabel, sondern auch ihre Füße ein.

4 **a** **Kontrolliere deine Lösungen mit Hilfe des Lösungsheftes. Notiere die Punktzahl, die du erreicht hast.**
b **Übe erneut die Aufgaben, bei denen du nur wenige Punkte erzielt hast.** GESAMT /50

Ich teste meinen Lernstand

Mit den folgenden Tests kannst du feststellen, wie erfolgreich du im Fach Deutsch gelernt hast.
Du kannst mit den Tests prüfen,

- wie gut du **Sachtexte lesen und verstehen** kannst (Test A),
- wie geschickt du **in einem eigenen Text deine Meinung begründen** kannst (Test B),
- wie sicher du in der **Grammatik** bist (Test C),
- wie sicher du in der **Rechtschreibung** bist (Test D).

Wenn du wissen willst, was du im Fach Deutsch gelernt hast, kannst du alle Tests am Ende des Schuljahres bearbeiten. Aber auch während des Schuljahres kannst du prüfen, in welchen Bereichen du weiterüben musst. Plane feste Zeiten ein, um einen Test zu bearbeiten. Lies die Aufgaben genau, arbeite ruhig und gründlich. Zum Schluss kannst du deine Lösungen mit Hilfe des Lösungsheftes selbst kontrollieren, deine Punktzahl berechnen und deine Fähigkeiten bewerten.

Test A – Sachtexte lesen und verstehen

Tilmann P. Gangloff

Ein Leben ohne Fernseher?

In Amerika wurden Kinder vor einiger Zeit gefragt, was sie auf eine einsame Insel mitnehmen würden: ihre Eltern oder einen Fernseher? Die Mehrheit hätte eher auf ihre Erzeuger als auf beliebte Fernsehhelden wie „SpongeBob Schwammkopf“ oder „Die Simpsons“ verzichtet. Das Fernsehen ist gerade für Kinder immer noch die Nummer eins. Doch die Zahl der Menschen, die das Gerät aus ihrer Wohnung verbannen, wächst. [...]
Zu ihnen gehört Familie Haller. Das Ehepaar hatte die Nase voll vom Fernsehen, als Aufnahmen des ersten Golfkriegs über die Bildschirme flimmerten: „Wir hatten einfach keine Lust darauf, dass die Bomben auf Bagdad quasi live in unserem Wohnzimmer landen“, erinnert sich Maren Haller. Das Gerät kam in eine Rumpelkammer. [...]
Mittlerweile gibt es allerdings Haushaltsmitglieder, die diese fernsehfeindliche Haltung doof finden: Sohn Markus (15) bedauert, nicht mitreden zu können, wenn sich seine Freunde über Sendungen wie „Germany's Next Topmodel“ oder „Deutschland sucht den Superstar“ unterhalten. Die beiden Castingshows sind Gesprächsthema unter Jugendlichen. Gleiches gilt für Sportereignisse.
Mutter Maren versteht das vielleicht besser, als Markus glaubt, denn sie ist ebenfalls ohne Fernsehen aufgewachsen und hatte einst das gleiche Problem: „Natürlich ist das manchmal blöd. Aber davon geht die Welt nicht unter.“ Beide Eltern sind der Meinung, gerade für Kinder biete das Programm vor allem Qualitätsloses; ganz abgesehen von Sendungen, die nicht für sie bestimmt sind. Markus weiß das auch. Natürlich sehen er und sein jüngerer Bruder immer wieder mal bei Freunden fern: „Klar gibt's eine Menge Müll. Aber manchmal laufen auch richtig gute Filme.“ Die Gegenargumente kennt er auswendig: „Meine Mutter fürchtet, wir würden den ganzen Tag vor der Glotze hocken und irgendwann verblöden.“ [...]
Dabei sei es doch viel wichtiger, findet Markus, „in welcher Umgebung man aufwächst“. Seine Mutter sieht das anders. Sie geht davon aus, dass sich Bilder im Gedächtnis viel stärker einprägen als Texte: „Natürlich sind Märchen auch grausam, aber die Bilder, mit denen man sie zum Beispiel beim Vorlesen unwillkürlich illustriert, stammen aus der eigenen Fantasie. Die Gewalt im Fernsehen oder in Computerspielen kann diese Vorstellungskraft aber bei Weitem übersteigen, und man kann sich ihnen nicht entziehen, weil man Bilder im Gegensatz zu Texten immer versteht.“ Das Ehepaar ist überzeugt, dass die Söhne dank einer Kindheit ohne Fernsehen gelernt hätten, ihre Freizeit aktiver zu gestalten.
Medienwissenschaftler betrachten diese Haltung dennoch kritisch: Natürlich kann man ein Leben ohne Fernsehen führen. Eltern muss aber klar sein, dass ihre Kinder dem Fernseher früher oder später zwangsläufig begegnen werden. Und wenn die Kinder nicht gelernt haben, damit umzugehen, sind sie überfordert.

1 **Worum geht es in dem Text „Ein Leben ohne Fernseher"?**
Markiere die richtige Antwort. ***In dem Text geht es um ...***

PUNKTE |1

A die Auswirkungen von Computerspielen auf Jugendliche.
B Argumente für und gegen das Fernsehen.
C Neuigkeiten im Fernsehen.
D beliebte Fernsehsendungen.

2 **Ordne den im Text markierten Wörtern die richtigen Erklärungen zu. Verbinde sie.**

PUNKTE |3

Im Text steht:	Erklärung:
1 Qualitätsloses	A unbeabsichtigt, von alleine
2 illustrieren	B ohne Wert
3 unwillkürlich	C bebildern, mit Bildern versehen

3 **Der Text hat sechs Abschnitte.**
Nummeriere sie und ordne die Nummern den folgenden Zwischenüberschriften richtig zu.

PUNKTE |6

- [ ] Fernsehen auf Platz 1 für Kinder
- [ ] Bei manchen Themen kann man nicht mehr mitreden.
- [ ] Keine Bomben zum Frühstück
- [ ] Kinder müssen lernen, mit dem Fernsehen umzugehen.
- [ ] Fernsehbilder setzen sich im Kopf fest.
- [ ] Ansichten über das Fernsehprogramm

4 **Entscheide, welche der folgenden Aussagen zum Text richtig sind und welche falsch. Kreuze an.**

PUNKTE |4

	richtig	falsch
A In Amerika würde die Mehrheit der Kinder ihre Eltern lieber mit auf eine einsame Insel nehmen als einen Fernseher.		
B Frau Haller fürchtet, dass ihre Kinder verblöden, wenn sie zu viel Fernsehen gucken.		
C Markus möchte sich mit seinen Freunden über TV-Sendungen austauschen können.		
D Medienwissenschaftler sind für Fernsehverbote für Kinder.		

5 **Welche Absichten werden mit dem Text verfolgt? Streiche die falsche Aussage durch.**

PUNKTE |1

A Mit dem Text werden Vor- und Nachteile des Fernsehens dargestellt.
B Mit dem Text wird für mehr Fernsehen im Kinderzimmer geworben.
C Mit dem Text sollen Meinungen zum Abschaffen von Fernsehgeräten bekannt gemacht werden.
D Mit dem Text soll eine Familie vorgestellt werden, die sich für ein TV-freies Leben entschieden hat.

6 **a** **Prüfe deine Lösungen mit Hilfe des Lösungsheftes. Trage die Punkte neben die Aufgaben ein.**
b **Übe erneut die Aufgaben, bei denen du keine oder nur wenige Punkte erzielt hast.**

GESAMT |15

Test B – Meinungen schriftlich begründen

Was meinst du zum Thema „Ein Leben ohne Fernseher“ (▶ S. 108)?
Wenn du deine Meinung dazu begründest, ist es ratsam zu wissen, was andere darüber denken.

1 **Welche der im Text (▶ S. 108) genannten Personen sind gegen ein Leben ohne Fernseher? Welche sind dafür? Kreuze an.** PUNKTE |3

Ehepaar Haller	dafür	☐	dagegen	☐
Markus und sein jüngerer Bruder	dafür	☐	dagegen	☐
Wissenschaftler	dafür	☐	dagegen	☐

2 **a** **Markiere im Sachtext (▶ S. 108) Begründungen für und gegen ein Leben ohne den Fernseher.**
b **Suche für jede Meinung vier Begründungen. Trage die Begründungen in die folgende Tabelle ein:** PUNKTE |8

Begründungen *gegen* ein Leben ohne Fernseher	Begründungen *für* ein Leben ohne Fernseher

3 **Formuliere deine eigene Meinung und Begründung in einem Satz.** PUNKTE |1

Ich bin für/gegen ein Leben ohne Fernseher, weil ______________________________

____.

4 **Formuliere deine Meinung mit mehreren Begründungen in ganzen Sätzen. Schreibe in dein Heft.**
Tipp: Nutze deine Vorarbeiten aus den Aufgaben 1–3. PUNKTE |14

5 **a** **Prüfe deine Lösungen mit Hilfe des Lösungsheftes. Trage die Punkte neben die Aufgaben ein.**
b **Übe erneut die Aufgaben, bei denen du nur wenige Punkte erzielt hast.** GESAMT |26

Test C – Grammatik

1 **a** **Jede Zeile des folgenden Textes zum Thema Fernsehen enthält ein Nomen. Unterstreiche es.**
Tipp: In einem Satz befinden sich mehrere Nomen.
b **In welchem Fall (Kasus) steht das Nomen jeweils? Notiere am Rand: N (Nominativ), A (Akkusativ), D (Dativ).**
Tipp: Ermittle die Nomen mit W-Fragen. Verwechsle sie dabei nicht mit den Pronomen (z. B. *er*).

PUNKTE |8

1 Das Fernsehen wurde 1928 erfunden. ________

2 Bis dahin kannte man noch keine Liveübertragung. ________

3 Paul Nipkow (1860–1940) hatte eine Idee. ________

4 Er erfand eine Drehschreibe. ________

5 Sie zerlegte ein Bild und setzte es anschließend wieder zusammen. ________

6 Dies stellte er seinen Mitarbeitern vor. ________

7 Dieses Prinzip gilt bis heute. ________

2 **a** **Die Sätze 3 und 4 enthalten keine Adjektive. Welches der folgenden Adjektive passt jeweils?**
langweilig, genial, lustig, besonders, groß, alt, schnell, unheimlich
b **Schreibe die beiden Sätze neu auf.**

PUNKTE |2

____

____

3 **Präsens (Präs.), Perfekt (Perf.) oder Präteritum (Prät.)? Bestimme für jeden Satz (▶ Aufg. 1) die Zeitform.**

PUNKTE |6

Satz 1: Prät. Satz 2: ___ Satz 3: ___ Satz 4: ___ Satz 5: ___ Satz 6: ___ Satz 7: ___

4 **Ändere die Stellung der Satzglieder in Satz 1 so, dass eine Frage entsteht. Schreibe die Frage ins Heft.**

PUNKTE |1

5 **a** **Schreibe Satz 6 in einer geänderten Satzgliedstellung auf. Der Sinn des Satzes soll sich nicht verändern.**

PUNKTE |1

____

____

b **Unterstreiche die Satzglieder und bestimme sie. Notiere die Bezeichnungen in der Zeile darunter.**

PUNKTE |4

6 **Ergänze im Satz 6 diese Satzglieder: *eines Tages, überraschenderweise*.**
Schreibe den Satz mit den beiden neuen Satzgliedern in dein Heft.

PUNKTE |2

7 **a** **Prüfe deine Lösungen mit Hilfe des Lösungsheftes. Trage die Punkte neben die Aufgaben ein.**
b **Übe erneut die Aufgaben, bei denen du keine oder nur wenige Punkte erzielt hast.**

GESAMT |24

Test D – Strategiewissen Rechtschreibung

Rechtschreibstrategien

- deutlich in Silben sprechen (schwingen)
- unklare Auslaute verlängern
- zusammengesetzte Wörter zerlegen
- Nomen erkennen

1 **Suche in den beiden ersten Abschnitten des Textes „Ein Leben ohne Fernseher?" (▶ S. 108) vier Wörter mit drei Silben, die man schwingen kann.**

PUNKTE |4

2 **Suche im Text zwei Wörter, die man zerlegen muss. Beweise die Schreibweise.**

PUNKTE |4

3 **Setze an die markierten Stellen das Strategiezeichen, das man außer dem Schwingzeichen benötigt, um die Schreibweise zu erklären.**

PUNKTE |13

Mutter Maren versteht das vielleicht besser, als Markus glaubt, denn sie ist ebenfalls ohne Fernsehen aufgewachsen und hatte einst das gleiche Problem: „Natürlich ist das manchmal blöd. Aber davon geht die Welt nicht unter." Beide Eltern sind der Meinung, gerade für Kinder biete das Programm vor allem Qualitätsloses; ganz abgesehen von Sendungen, die nicht für sie bestimmt sind. Markus weiß das auch. Natürlich sehen er und sein jüngerer Bruder immer wieder mal bei Freunden fern: „Klar gibt's eine Menge Müll. Aber manchmal laufen auch richtig gute Filme." Die Gegenargumente kennt er auswendig: „Meine Mutter fürchtet, wir würden den ganzen Tag vor der Glotze hocken und irgendwann verblöden."

4 **Hier sind fälschlicherweise die Nomen kleingeschrieben worden. Markiere alle großzuschreibenden Nomen.**

VORSICHT FEHLER!

PUNKTE |14

Ebenfalls anlass zu regelmäßigen gesprächen sind die computer der beiden jungen. Eine stunde pro tag dürfen sie am rechner verbringen. „Meine mutter", beschwert sich markus, „hat an allen spielen etwas auszusetzen. Sie ist überzeugt, die bilder prägen sich unbewusst ein." Deshalb dürfen die söhne nur gewaltfreie spiele spielen. Dass sie sich an die altersfreigabe halten müssen, versteht sich von selbst.

5 **a Prüfe deine Lösungen mit Hilfe des Lösungsheftes. Trage die Punkte neben die Aufgaben ein.**
b Übe erneut die Strategien, zu denen du nicht alle Aufgaben lösen konntest.

GESAMT |35

Deutschbuch

Erweiterte Ausgabe

Arbeitsheft 5

Lösungen

Name: ______________________

Klasse: ______________

Cornelsen

Arbeitstechniken

Seite 5

Das Heft gestalten

1 **Weitere Tipps:**
Mit einem Füller schreiben und einen Tintenkiller benutzen. / Nicht zu klein schreiben. / Absätze machen und zwischendurch eine Zeile frei lassen. / Zwischen zwei Hefteinträgen einige Zeilen frei lassen.

2 1 = rot, 2 = grün, 3 = blau, 4 = orange, 5 = lila, 6 = grau

Seite 6

3 a

Checkliste: Heftführung auf dem Prüfstand!	**gut gelungen**	**weniger gelungen**	**noch nicht gelungen**
Die Seite wurde übersichtlich gestaltet.		X	
Der Hefteintrag wurde mit einem Datum versehen.			X
Die Überschrift wurde mit dem Lineal unterstrichen.			X
Es wurde leserlich geschrieben und Fehler wurden ordentlich durchgestrichen und verbessert.		X	
Wichtiges wurde farblich hervorgehoben.			X

b Beim nächsten Hefteintrag musst du darauf achten, dass du die Seite übersichtlicher gestaltest, indem du zum Beispiel Absätze machst, wenn ein neuer Gedanke aufkommt.
Denke auch an ein Datum und schreibe ordentlicher.
Wenn du Fehler machst, streiche sie ordentlicher, also mit einem Lineal, durch.

Sprechen – Zuhören – Schreiben

Seite 7

Spannend erzählen – Unheimliche Abenteuer

1 In der Bildergeschichte geht es um die kleine Lena, Leos Schwester, die in den Keller geht, um eine Kasperlepuppe zu suchen.

2
A **Was hat Lena vor?**
- Kasperlepuppe holen

B **Wie fühlt sich Lena im Keller?**
- etwas unsicher, ängstlich

C **Was hat Leo vor?**
- will Lena im Keller erschrecken

D **Wie gelingt es Leo, seine Schwester zu erschrecken?**
- hält Krokodilpuppe in Lichtschein, sodass großes Schattenbild entsteht

3 **Weitere Ideen für ein mögliches Ende:**
- Lena beginnt ein kleines Puppenspiel.
- Lena hat ihren Bruder bemerkt, bevor er loslegt, und sie spielt ihm einen Streich.
- Beide Kinder hören plötzlich ein Geräusch aus einer Kellerecke.

Seite 8

4

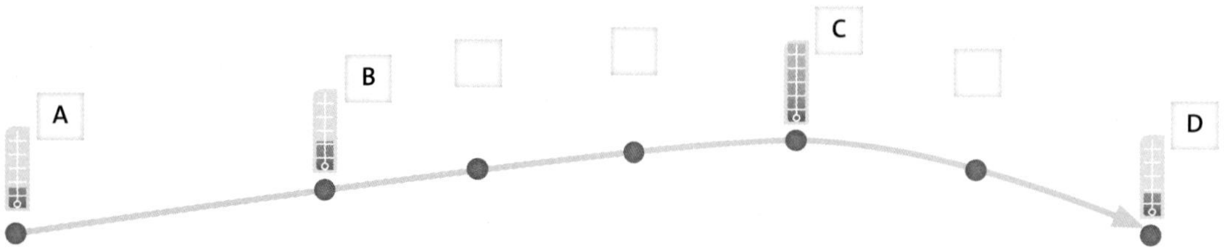

5 a, b, c

A Als meine kleine Schwester Lena gestern in den Keller ging, um ihre Kasperlepuppe zu suchen, ahnte sie noch nicht, was ihr passieren würde.

B Meine Schwester Lena ist eigentlich überhaupt nicht ängstlich. Als sie aber neulich ihre Kasperlepuppe im Keller suchte, erlebte sie eine Überraschung.

Seite 9

7 **Diese Adjektive könntest du ergänzen:**
Lena befand sich auf der **dunklen** Kellertreppe. Ich folgte ihr **leise**. Das **schwache** Licht der Glühbirne über den **steilen** Stufen erleuchtete nur einen **kleinen** Teil des Kellerraums. „So ein **schreckliches** Durcheinander“, hörte ich Lena schimpfen. Ganz vorsichtig schlich ich hinterher.

8 a Zunächst suchte meine Schwester in verschiedenen Kisten, die im unaufgeräumten Keller standen. Dann suchte sie alle Taschen durch. Schließlich suchte sie sogar in der alten Truhe, in der die Sachen von unserer Uroma aufbewahrt werden. Endlich stieß sie bei ihrer Suche auf einen Umzugskarton, auf dem „Lenas Spielzeug“ stand.

b **So könnte dein überarbeiteter Text lauten:**
Zunächst **kramte** meine Schwester in verschiedenen Kisten, die im unaufgeräumten Keller standen. Dann **durchstöberte** sie alle Taschen. Schließlich **durchwühlte** sie sogar die alte Truhe, in der die Sachen von unserer Uroma aufbewahrt werden. Endlich stieß sie bei ihrer Suche auf einen Umzugskarton, auf dem „Lenas Spielzeug“ stand.

9 a Dann erschien ein riesiges Monster an der Kellerwand. Dann schrie Lena: „Hilfe!“. Dann begann ich Geräusche zu machen wie in der Geisterbahn. Dann erschreckte Lena sich fürchterlich. Ich freute mich, dass es mir gelungen war, meine Schwester so zu ängstigen.

b **So könnte dein überarbeiteter Text lauten:**
Auf einmal erschien ein riesiges Monster an der Kellerwand. **Sofort** schrie Lena: „Hilfe!“. **Jetzt** begann ich Geräusche zu machen wie in der Geisterbahn. **Daraufhin** erschreckte Lena sich fürchterlich. Ich freute mich, dass es mir gelungen war, meine Schwester so zu ängstigen.

10 **So könnten deine Sätze lauten:**
A „Wo hat Mama bloß den Karton mit den Handpuppen hingestellt?“, **schimpfte Lena leise.**
C **Lena flüsterte:** „Ich hasse diesen schrecklichen Keller!“
B „Bestimmt hat sie doch ein wenig Angst!“, **kicherte Leo.**
D „Gleich muss ich die Taschenlampe anknipsen“, **ging es Leo durch den Kopf.**

Seite 10

11 a A – (2) B – (1)
c **Beispiele:**
- Am Abend dieses Tages überlegte Lena lange, wie sie ihren Bruder auch einmal erschrecken könnte.
- Was jedoch in der Ecke geraschelt hatte, fanden sie nicht mehr heraus.

12 a, b **So könnte die vollständige Geschichte lauten:**

Ein gruseliger Tag für Lena
Als meine kleine Schwester Lena gestern Abend in den Keller ging, um ihre Kasperlepuppe zu suchen, folgte ich ihr heimlich, weil ich ihr einen Streich spielen wollte. Bis dahin hatte Lena keine Angst davor gehabt, in den Keller zu gehen. An diesem Abend ahnte sie noch nicht, dass dies auch anders werden könnte.

Lena befand sich auf der Kellertreppe. Ich folgte ihr ganz leise. Das schwache Licht der Glühbirne über den steilen Stufen erleuchtete nur einen kleinen Teil des Kellerraums. „Welch ein schreckliches Durcheinander!“, hörte ich sie schimpfen. Ganz vorsichtig folgte ich ihr unauffällig.
Zuerst suchte Lena in verschiedenen Kisten, die im unaufgeräumten Keller standen. Hastig durchwühlte sie zuerst eine alte Truhe, die voller abgelegter Klamotten war. Dann kramte sie in einem Korb, der nur Spielsachen, Stofftiere und Puppen enthielt. Schließlich stieß sie auf einen Umzugskarton, in dem sich die Handpuppen des Puppentheaters befanden.
„Hilfe!“, schrie Lena plötzlich. Ein riesiges Monster erschien an der Kellerwand. Wie in der Geisterbahn begann ich, Geräusche zu machen. Lena erstarrte in dem Moment, und das Herz schien ihr in die Hose gerutscht zu sein. Ich freute mich, meine Schwester so zu sehen. Was würde sie jetzt wohl tun? Schnell hatte sie aber meinen Trick mit der Taschenlampe und der Monsterhandpuppe durchschaut. „Na, warte, wenn ich dich erwische! Das sage ich Mama und du wirst sehen, was du davon hast, mir einen solchen Schrecken einzujagen“, meckerte Lena. „Lass doch deinen Kasperle gegen mein Monster antreten“, schlug ich vor. „Hör auf mit dem Blödsinn!“, rief Lena, „Sonst nehme ich mir die Pritsche vom Kasperle und versohle dir damit den Hintern.“

Angelockt von unserem Geschrei im Keller kam unsere Mutter und wollte wissen, was wir dort anstellten. Lena beschwerte sich natürlich lautstark und Mutter schickte mich sofort auf mein Zimmer. Von da an machte Lena nicht nur das Licht an, wenn sie in den Keller hinabstieg, sondern vergewisserte sich jedes Mal, dass ihr niemand folgte.

Seite 11

1 **Folgende Stichworte könntest du notieren:**
- Ausflug mit Boot auf dem Meer
- verirrt im Nebel
- plötzliches Gewitter
- verängstigte Kinder
- überrascht vom Wetterumschwung
- Rettung auf Insel

2 **Diese Ideen könntest du notieren:**

A **Wann spielt die Geschichte?**
im Herbst, an einem Nachmittag in den Ferien

B **Wo spielt die Geschichte?**
auf einem See in Schweden

C **Wer kommt vor?**
ein Junge (Peter), ein Mädchen (Maria), Großeltern

D **Was passiert in der Geschichte?**
Geschwister rudern auf See, retten sich während Gewitter auf Insel, finden Rückweg nicht

E **Was geschieht am Höhepunkt?**
es blitzt und donnert, Mädchen weint, Junge schreit, Wasser schwappt ins Boot

F **Wie endet die Geschichte?**
Opa kommt mit Motorboot, rettet Kinder

3 **So könnten deine Sätze lauten:**

schaukeln: Das Boot schaukelte ruhig auf dem Wasser.
treiben: Das Boot trieb orientierungslos auf dem See.
fahren: Der Großvater fuhr ihnen mit dem Motorboot hinterher.
dümpeln: Das Boot dümpelte ruhig im Wasser.
kentern: Plötzlich kenterte das Ruderboot und alles fiel ins Wasser.
untergehen: Die Kamera ging sofort unter.
regnen: Es regnete immer stärker.
donnern, blitzen: Es donnerte und blitzte ohne Pause.
prasseln: Die Tropfen prasselten auf das Holzboot.

Seite 12

4 b Einleitung A: Es werden Andeutungen gemacht. / Eine falsche Fährte wird gelegt.
Einleitung B: Eine harmlose Situation wendet sich in eine gefährliche. / Eine falsche Fährte wird gelegt.

5 a, b **So könnte deine Geschichte lauten:**

Ein abenteuerlicher Ausflug

Wie immer besuchten die Geschwister Peter und Maria in den Herbstferien Oma und Opa in deren Haus am Meer. Viele Stunden verbrachten sie in Opas Ruderboot auf dem Wasser, angelten und dösten in der Sonne. Da das Boot schon alt war, drang manchmal Wasser ein. Aber das war nicht der Grund, warum die Kinder an einem Nachmittag in große Gefahr gerieten. Ganz unerwartet zog sich an diesem Nachmittag der Himmel zu, und sie sahen schwarze Wolken aufziehen. Kurz darauf folgten erste Blitze, es donnerte heftig und ohne Pause. Maria und Peter bekamen schreckliche Angst und wollten umkehren. Die Kinder wussten, dass ein Gewitter auf offener See sehr gefährlich war. „Wir müssen sofort zurück!", schrie Peter verzweifelt. Heftiger Regen prasselte auf das Holzboot, sie konnten kaum etwas sehen und das Ufer nicht mehr erkennen. Maria begann zu weinen und Peter schrie verzweifelt um Hilfe. Weil der Wind Wellen schlug, schwappte immer mehr Wasser ins Boot. Plötzlich ruckelte es: Das Boot war auf einen Stein aufgesetzt. Peter und Maria drehten sich um und sahen, dass die Wellen das Boot zu einer winzig kleinen Insel gespült hatten, die sie zuvor noch nie gesehen hatten. Sie wollten gerade aussteigen, um auf der Insel nach Schutz zu suchen, da hörten sie ein Motorengeräusch. In der Ferne erkannten sie das Motorboot ihres Großvaters. „Opa, Opa, wir sind hier!", schrien sie beide gleichzeitig aus Leibeskräften. Und tatsächlich steuerte das Boot auf sie zu. Wie erleichtert waren sie, als sie endlich Opa aussteigen sahen! Er nahm sie beide in die Arme und zeigte ihnen eine kleine Felsenhöhle, in der sie das Ende des Gewitters abwarteten. „Opa, du hast uns wirklich gerettet. Das werde ich nie vergessen", murmelte Peter leise, als sie schließlich alle drei in das Motorboot stiegen und zurückkehrten.

Seite 13

1 a A an einem Abend, in einer Vollmondnacht
B im Schlafzimmer, in einem Wald, auf einer Burgruine
C Leo, der Hund, ein Wolf

b, c
1. liegt im Bett und liest
2. löscht Licht
3. träumt von Burgruine in einem Wald
4. geht im Traum Weg entlang
5. hört Knacken und Jaulen
6. rennt Richtung Ruine
7. fällt hin und erschreckt sich
8. ertastet etwas Weiches und glaubt, dass es ein Vollmondwolf ist (Höhepunkt)

Seite 14

2 a **Textstelle, an der eine Schlinge ausgelegt wurde:**
In diesem Moment ahnte er noch nicht, was er mitten in der Nacht erleben würde. (Z. 9–12)
Formulierungen, die die Spannung steigern:
Plötzlich (Z. 16)
Im nächsten Moment stockte ihm fast der Atem (Z. 19–21)
Da fiel er hin! (Z. 26)
Auf einmal (Z. 30)
Das Herz blieb ihm fast stehen! (Z. 32–33)

b **Diese Beispiele könntest du notieren:**
Nach einem anstrengenden Tag ... (Z. 1)
In diesem Moment ... (Z. 9–10)
Im nächsten Moment ... (Z. 19–20)
Auf einmal ... (Z. 30)

3 a **So könnten deine Ideen lauten:**
- Leos Vater kommt ins Zimmer und beruhigt ihn, nachdem Leo im Schlaf geschrien hat.
- Leo wacht auf, weil sein Hund Max bellt.

4 a, b

(1) Verben des Sagens	(2) Verben des Denkens
er stammelte	er grübelte
er stotterte	sie ahnte
Leo jammerte	die Mutter dachte
der Junge behauptete	er fragte sich
der Wolf drohte	sie überlegte(n)

5 **So könnte deine Fortsetzung lauten:**
Max leckte Leo über die Hand, weil der Junge sich unruhig im Bett hin und her wälzte. „Hilfe, der Wolf greift mich an!", schrie Leo im Traum und schlug mit den Armen wild um sich. Max begann zu bellen, woraufhin Leo sofort aufwachte. In diesem Augenblick wurde ihm klar, dass alles nur ein Traum gewesen war und er seinen Hund Max für den Vollmondwolf gehalten hatte. Mit immer noch klopfendem Herzen kraulte er Max und versuchte ihn zu beruhigen. Schon bald waren sie beide wieder eingeschlafen.

Seite 15

Tiere beschreiben – Haustiersuche

1 a Zwergkaninchen
b Die Familie schreibt eine E-Mail an das Tierheim, weil sie für ihr Kaninchen ein neues Zuhause sucht.

2 die Löffel – anderes Wort für Ohren
die Läufe – Bezeichnung für Beine und Pfoten
das Heu – getrocknetes Gras
die Blume – Schwanz

Seite 16

3 a

Fragen:	Informationen zu:
Wie heißt das Tier?	Name (rot)
Was für ein Tier ist es?	Rasse, Art (gelb)
Was frisst das Tier?	Futter (orangefarben)
Wie muss man das Tier halten?	Haltung (violett)
Wodurch zeichnet sich das Tier besonders aus?	besondere Kennzeichen (schwarz)
Wie alt ist es?	Alter (blau)
Wie sieht das Tier aus?	Größe, Fell, Beine und Pfoten, Schwanz, Augen, Ohren (grün)

b Liebe Mitarbeiter des Tierheims,
weil wir für ein paar Jahre ins Ausland gehen, suchen wir für unser Zwergkaninchen „Flocke" ein neues Zuhause.
Flocke (*rot*) ist ein Jahr (*blau*) alt. Sie ist recht klein (25 cm lang) und hat einen kompakten Körperbau (*grün*). Auf dem molligen Körper sitzt ein ovaler Kopf mit schwarzen Knopfaugen (*grün*). Flocke kann ihre schwarzen Löffel (*grün*) in alle Richtungen drehen, sodass sie alles mitkriegt, was um sie herum passiert (*schwarz*). Ihr weißes Fell ist weich und flauschig (*grün*). Auf dem Rücken und an den Seiten erkennt man schwarze Punkte (*grün*). Flocke hat eine kleine Blume (*grün*). Mit ihren vier kurzen Läufen (*grün*) wird Flocke (*rot*) bestimmt neugierig ihr neues Zuhause erobern. Sie frisst sehr gern frisches Heu, Obst und Gemüse (*orange*). Einen Kaninchenkäfig (*violett*) können wir Flockes Gastfamilie mitgeben. Gern hoppelt Flocke durch die Wohnung (*schwarz*). Man muss etwas aufpassen, dass sie nichts anknabbert (*violett*).
Flocke ist ganz lieb und macht kaum Arbeit. Sie ist verschmust (*schwarz*) und es tut uns sehr leid, dass wir sie nicht mit nach Australien nehmen können.
Wir hoffen sehr, über Ihr Tierheim ein freundliches neues Heim für Flocke (*rot*) zu finden.
Ein Foto von Flocke hängen wir an.

c Name: Flocke
Rasse: Zwergkaninchen
Futter: Heu, Obst, Gemüse
Haltung: Kaninchenkäfig
Aussehen: kompakt
Größe: 25 cm lang
Fell: weiß mit schwarzen Punkten
Beine und Pfoten: kurze Läufe
Ohren: schwarze Löffel
Besondere Kennzeichen: verschmust, lieb
Art: hasenartiges Tier
Alter: 1 Jahr
Kopf: oval
Farbe: weiß-schwarz
Schwanz: klein
Augen: schwarze Knopfaugen

Seite 17

1 **Mögliche Beschriftungen:**
- die Stirn: weiß
- die Augen: schwarz, glänzend
- die Nase: rosa, klein
- die Tasthaare: weiß, lang, dünn
- das Fell: weiß, schwarz, weich, plüschig, flauschig, glänzend, gepunktet
- die Wange: weiß
- die Löffel: drehbar, aufrecht, schwarz
- die Blume: rund, klein, weiß
- die Läufe: weiß, kurz
- der Rücken: weiß-schwarz, gepunktet

2 a Florians Eltern können sich das Tier vermutlich nicht gut vorstellen, da Florians Angaben viel zu ungenau sind.

b **So könnte die überarbeitete Beschreibung lauten:**
Ich bin auf der Homepage des Tierheims auf ein niedliches Zwergkaninchen gestoßen. Sein Fell ist weiß mit schwarzen Punkten. Es fühlt sich bestimmt sehr weich und flauschig an. Die Augen schimmern schwarz. Es hat schwarze Löffel. Das Kaninchen ist mittelgroß und hat einen kompakten Körperbau. Sein Name lautet Flocke. Es wird bald sein Herrchen und sein Frauchen verlieren.

Seite 18

1 b Reihenfolge: 5, 2, 1, 4, 3, 6
c Papagei Bodo entflogen!
Seit Donnerstag (12.3.2014) vermisse ich mein Haustier. Mein Papagei ist zwei Jahre alt und hört auf den Namen Bodo. Er hat ein buntes Gefieder und ist ungefähr 30 Zentimeter groß. Bodos Kopffedern sind rot und der Schnabel ist schwarz-weiß. Besonders auffällig sind die langen blauen Schwanzfedern. Die Füße sind grau und haben schwarze Krallen. Bitte melden Sie sich bei: ...

Seite 19

Vorgänge beschreiben – Eine Katzenangel basteln

1
2. Schnur am Streichholz festknoten
3. Loch in Ball bohren
4. Hölzchen mit Schnur in Ball stopfen
5. Schnur an Stock knoten
6. Schnur mit Klebeband umkleben
7. Katzenangel ausprobieren

Seite 20

2 a Gestrichen werden muss: die Säge, der Luftballon, die elektrische Bohrmaschine, der Kleber, das Gummiband
c Reihenfolge: 1, 4, 5, 2, 3, 8, 6, 7
Die fehlende Beschreibung lautet: Dann knotet man das Ende der Schnur am Streichholz fest.

3 zuerst, anschließend, danach, nun, zum Schluss

4 a 1: Zum Bau einer Katzenangel legt man einen Stock, eine Schnur, einen Tischtennisball, Klebeband, ein Streichholz, einen kleinen Handbohrer und eine Schere zurecht.
4: Anschließend bohrt man mit einem Handbohrer ein kleines Loch in den Ball, damit das Streichholz mit der festgeknoteten Schnur hindurchpasst.
5: Danach stopft man das kleine Hölzchen mit der angeknoteten Schnur ganz vorsichtig in den Tischtennisball und zieht die Schnur straff, sodass sich das Hölzchen im Ball quer stellt.
2: Zuerst bricht man von einem Streichholz die Spitze ab. Es sollte danach ungefähr so lang sein, wie der Tischtennisball dick ist.
3: Dann knotet man das Ende der Schnur am Streichholz fest.
8: Zum Schluss kann man die fertige Katzenangel ausprobieren.
6: Nun knotet man das andere Ende der Schnur an einen Stock.
7: Damit die Schnur nicht so leicht vom Stock abgeht, umklebt man sie mit Klebeband.

b zurechtlegen, bohren, hindurchpassen, stopfen, ziehen, stellen, abbrechen, festknoten, ausprobieren können, knoten, abgehen, umkleben

5 1: Zum Bau einer Katzenangel werden ein Stock, eine Schnur, ein Tischtennisball, Klebeband, ein Streichholz, ein kleiner Handbohrer und eine Schere zurechtgelegt.
2: Zuerst wird von einem Streichholz die Spitze abgebrochen. Es sollte danach ungefähr so lang sein, wie der Tischtennisball dick ist.
3: Dann wird das Ende der Schnur am Streichholz festgeknotet.
4: Anschließend wird mit einem Handbohrer ein kleines Loch in den Ball gebohrt, damit das Streichholz mit der festgeknoteten Schnur hindurchpasst.
5: Danach wird das kleine Hölzchen mit der angeknoteten Schnur ganz vorsichtig in den Tischtennisball gestopft, und die Schnur wird straff gezogen, sodass sich das Hölzchen im Ball quer stellt.
6: Nun wird das andere Ende der Schnur an einen Stock geknotet.
7: Damit die Schnur nicht so leicht vom Stock abgeht, wird sie mit Klebeband umklebt.
8: Zum Schluss kann die fertige Katzenangel ausprobiert werden.

Seite 21

Meinungen begründen – Fit in die Woche

1 a

Äußerungen für Frühsport:	**Äußerungen gegen Frühsport:**
„Wir sitzen den ganzen Tag.“ „Bewegung macht munter.“	„Viele sind früh noch zu müde für Sport.“ „Wir bewegen uns in der Pause schon genug.“

„Wir können Mannschaftsspiele im Freien machen."
„Ich könnte anderen viele Übungen zeigen, die ich im Karate-Kurs gelernt habe."
„Sport ist gesund."
„Sport steigert die Konzentration."

„Dann müssten wir noch früher aufstehen."

b **So könnten deine Begründungen lauten:**

A Ich bin für die Einführung von Frühsport, ...
weil wir den ganzen Tag sitzen.
da Bewegung munter macht.
denn Sport ist gesund.

B Ich bin gegen die Einführung von Frühsport, ...
weil viele früh noch zu müde für Sport sind.
da wir uns in der Pause schon genug bewegen.
denn dann müssten wir noch früher aufstehen.

Seite 22

3 a **Vorschlag für die Reihenfolge:**

A Ich bin für die Einführung von Frühsport, ...
weil wir den ganzen Tag sitzen. (1)
da Bewegung munter macht. (3)
denn Sport ist gesund. (2)

b **So könnte dein Brief lauten:**

Sehr geehrte Frau ..., / Sehr geehrter Herr ...,
bei einem Treffen der Klassensprecherinnen und Klassensprecher der 5. Klassen sind wir zu dem Ergebnis gekommen, dass wir gern montags die Schule mit Frühsport beginnen möchten.
Wir bitten Sie, das Programm „Mit Frühsport fit in die Woche" einzuführen, da wir den ganzen Schultag lang viel zu viel sitzen. Ein weiterer Grund ist natürlich, dass Sport gesund ist. Und man muss auch bedenken, dass Bewegung am Morgen munter macht. Sicherlich können wir uns anschließend im Unterricht viel besser konzentrieren.
Wir würden uns freuen, wenn Sie uns bald eine Antwort auf unser Anliegen geben.
Mit freundlichen Grüßen
Klassensprecherinnen und Klassensprecher der 5. Klassen

4 A denn B da C weil D denn

Seite 23

1 a **So könnte die Meinungsäußerung lauten:**

Wir sind der Ansicht, dass das Frühsport-Projekt nicht sinnvoll ist, weil Sport so früh am Morgen für viele Mitschülerinnen und Mitschüler eine Qual ist.

b A Man muss bedenken, dass wir dann noch früher aufstehen müssten.
B Ein weiterer Grund dagegen ist, dass wir im anschließenden Unterricht sehr erschöpft wären.
C Außerdem glauben wir, dass Sport im Verein und nicht in der Schule getrieben werden sollte.

2 **So könnte dein vollständiger Begründungsbrief lauten:**

Bonn, den 26.06.20..
Sehr geehrte Frau ..., / Sehr geehrter Herr...,
wir wenden uns heute an Sie, weil wir nicht möchten, dass das Frühsport-Projekt an unserer Schule eingeführt wird.
Wir sind der Ansicht, dass dieses Projekt nicht sinnvoll ist, weil Sport so früh am Morgen für viele Mitschülerinnen und Mitschüler eine Qual ist. Man muss bedenken, dass wir dann noch früher aufstehen müssten. Ein weiterer Grund dagegen ist, dass wir im anschließenden Unterricht erschöpft wären. Außerdem glauben wir, dass Sport im Verein und nicht in der Schule getrieben werden sollte.
Wir würden uns freuen, wenn Sie unsere Argumente bei Ihrer Entscheidung berücksichtigen würden.
Mit freundlichen Grüßen
...

Seite 24

1

Einleitung	Hallo, liebe Mitglieder der SV! In der Pause habe ich auf dem Hof ein Gespräch zum Thema „Frühsport für alle" gehört.
Meinung	Eure Idee gefällt mir sehr gut.
Begründungen	Sport ist mein Lieblingsfach und deshalb finde ich es gut, wenn wir die Woche mit viel Bewegung beginnen können. Und wir könnten vielleicht auch Sportspiele mit den Parallelklassen machen. Und ich würde es cool finden, wenn unsere Lehrer dabei mitmachen müssten. Die sitzen auch viel am Schreibtisch und in Konferenzen. Und durch das Toben beim Sport wäre ich ruhiger im Deutschunterricht.
Schluss	Wann wird darüber entschieden? Wenn ihr noch Unterstützung braucht: Ich bin dabei! Max (Klasse 5c)

2 a **Rechtschreibfehler:** bewegung (Z. 4), vil (Z. 7), währe (Z. 8)
Verbesserungsvorschläge:
- Der Briefkopf fehlt.
- Nach der Anrede steht kein Komma, sondern ein Ausrufezeichen.
- Eine passende Grußformel am Ende des Briefes fehlt.
- Die Satzanfänge sind nicht abwechslungsreich.
- Die Wortwahl und der Ausdruck sind teilweise unpassend.

b **So könnte dein überarbeiteter Brief lauten:**

Bonn, den 26.06.20..

Liebe Mitglieder der SV,
in der Pause habe ich auf dem Hof ein Gespräch zum Thema „Frühsport für alle" gehört.
Eure Idee gefällt mir sehr gut. Sport ist mein Lieblingsfach und deshalb würde ich es begrüßen, wenn wir die Woche mit viel Bewegung beginnen können.
Ich schlage Sportspiele mit den Parallelklassen vor. Vielleicht würden auch unsere Lehrerinnen und Lehrer mitmachen, die ja auch nur wenige Möglichkeiten für Bewegung haben. Außerdem glaube ich, dass ich nach dem Sport ruhiger im Deutschunterricht wäre.
Bitte teilt mir mit, wann darüber entschieden wird. Ich werde euch gern unterstützen.
Viele Grüße
Max (Klasse 5c)

Lesen – Umgang mit Texten und Medien

Seite 26

Einen Sachtext verstehen – Fernsehzeit

2 a C

3 b B Extraeinnahmen (Zeile 24): zusätzliche Gewinne, die die Supermärkte bzw. Erfinder des Einkaufswagens machen
C Konsumkarre (Zeile 29–30): Konsum = das, was man einkauft und verbraucht, Karre = umgangssprachliches Wort für Wagen

4 a knallbunt (Zeile 4), paar Hundert (Zeile 9)
b **Diese Schlüsselwörter könntest du unterstreichen:**
2. Abschnitt (Zeile 14–31): Einkaufen, Filme gucken, zwei Stunden Programm, Einkaufszeit verlängern, Extraeinnahmen bringen, gemietet
3. Abschnitt (Zeile 32–42): kommt gut an, US-Trend, Arztpraxis, Familienautos, hypnotisiert
4. Abschnitt (Zeile 43–51): warnende Stimmen, verstört, Leben für einen Trickfilm, wenige Eltern, solche Sorgen, beste Idee aller Zeiten

Seite 27

5 a 1. Abschnitt: Zeile 1–13 2. Abschnitt: Zeile 14–31 3. Abschnitt: Zeile 32–42 4. Abschnitt: Zeile 43–51
b A = 3. Abschnitt B = 1. Abschnitt C = 2. Abschnitt
c Vor- und Nachteile des Fernseheinkaufswagens

6 A in Amerika, in den Bundesstaaten Texas, Nevada und Illinois (Zeile 12–13)
B Kinder können im Einkaufswagen fernsehen, während Eltern einkaufen (Zeile 1–4)
C Kinder sind abgelenkt und beschäftigt beim Einkauf (Zeile 32–37)

7 In dem Text „Der Fernseheinkaufswagen" geht es um eine neue Erfindung, die derzeit in Supermärkten in den USA getestet wird. Der Einkaufswagen soll dabei helfen, dass Eltern mit Kindern entspannter einkaufen können. Während die Eltern sie im Wagen durch den Laden schieben, können die Kinder Trickfilme anschauen. Viele Eltern finden den Wagen hilfreich. Experten warnen jedoch davor, dass Kinder dadurch verstört werden könnten.

Seite 28

1 Die neue Erfindung
- Fernseheinkaufswagen: Einkaufswagen mit eingebautem Fernseher

sieht aus wie ...
- Spielzeuglastwagen mit „Hightech-Technologie"

Er wird derzeit getestet in ...
- USA (Bundesstaaten Texas, Nevada, Illinois)

Es gibt ihn, weil ... / Er wurde erfunden, um ...
- ruhiger Einkauf für Eltern
- Ablenkung der Kinder

- Extraeinnahmen für Supermärkte

Positive Reaktionen
- begeisterte Eltern, die entspannt einkaufen können
- glückliche Kinder

Negative Reaktionen
- Expertenwarnungen: verstörte Kinder, Kinder halten ganzes Leben für Trickfilm

Seite 29

1 C

2 A 30 Schülerinnen und Schüler einer fünften Klasse
B für die Anzahl der Schüler
C Fernsehen

3 A Nach 21 Uhr dürfen **10** von 30 Schülerinnen und Schülern manchmal noch fernsehen.
B **12** Schüler sehen nach 21 Uhr nie fern.
C Die **wenigsten** Schüler dürfen nach 21 Uhr immer fernsehen.

Seite 30

Schelmengeschichten lesen und verstehen – Eulenspiegel und Nasreddin

1 C, E

Seite 31

2 b A Stadt in Niedersachsen, im damaligen Herzogtum Lüneburg
B Pferdewagen
C Stadt in Niedersachsen, außerhalb des Herzogtums Lüneburg
D überrascht, verwirrt, verblüfft
E Geld, Währung
F ehrlich, korrekt
G Narr, Dummkopf

3 ERDREICH

4 a witzig, klug, schelmenhaft, komisch, gewitzt, schlau, clever, ideenreich, gerissen

b **Das könntest du schreiben:**
Till Eulenspiegel ist ideenreich, denn er nutzt einen Wagen voll Erde, um rechtmäßig durch das Herzogtum Lüneburg reisen zu können (siehe Zeile 17–26). *Oder:* Till Eulenspiegel ist clever, da er die Wörter „Erde" und „Land" gleichgesetzt und den Herzog damit überlistet (siehe Zeile 38–41).

5 a A, B, (C), E
b Die Geschichte bringt den Leser zum Lachen, denn es ist lustig sich vorzustellen, wie Eulenspiegel eingebuddelt in der Erde sitzt. *Oder:* Die Geschichte bringt den Leser zum Lachen, denn Eulenspiegel setzt die Wörter „Erde" und „Land" gleich und überlistet so den Herzog

Seite 32

1 Die Geschichte „Das fliegende Kamel" handelt von dem Schelm Nasreddin, der von einer Kanzel predigt und die schläfrigen Zuhörer mit einer Lügengeschichte weckt.

2 A = Zeile 2–5 B = Zeile 8–9 C = Zeile 22–24

Seite 33

3 a, b
2 Zuhörer langweilen sich (langweilten)
3 Nasreddin ist empört (war)
4 Nasreddin erfindet Lügengeschichte mit fliegendem Kamel (erfand)
5 Publikum reagiert überrascht (reagierte)

4 A Ein anderes Mal redete Nasreddin als Geistlicher.
B Er hatte seine Rede nicht gut geplant.
C Er bemerkte, dass viele Zuhörer die Augen schlossen.

5 **So könnte deine Nacherzählung lauten:**
Eines Tages hielt Nasreddin seine erste Predigt, die er nicht gut geplant hatte. Er bemerkte, dass viele Zuhörer unaufmerksam waren. Obwohl Nasreddin wütend war, erzählte er weiter: „Ich schwamm gestern auf einem riesigen Fisch über den großen See in der Wüste. Da sah ich ein Kamel fliegen, das neben mir landete und sich ausruhte. Ich setzte mich auf seinen Rücken und flog mit ihm hoch in den Himmel. Dabei kam ich aber zu nah an einen Stern und blieb an ihm hängen. Das Kamel flog weiter, aber ich hänge daran bis heute!" Das Publikum reagierte sehr überrascht. Daraufhin schimpfte Nasreddin: „Was seid ihr für Gläubige! Bei einer guten Rede hört ihr nicht zu, aber wenn ich lüge, sperrt ihr die Ohren auf!"

Seite 34

Ein Märchen fortsetzen – Wundersame Begegnungen

1 A Annabel wird in das Schloss eingeladen, weil sie dem jüngsten Königssohn Heinrich helfen soll.
B Er hat hohes Fieber.
C Sie freut sich über die mögliche Belohnung und eilt zu dem kranken Sohn.

3 **So könnte deine Fortsetzung lauten:**
Sie sagte ihre Hilfe zu und eilte sofort zum kranken Königssohn. Der lag in seiner Kammer und fieberte. Es ging ihm sehr schlecht und alle machten sich große Sorgen. Annabel versprach ihm: „Halte noch eine Weile durch. Ich werde dir helfen können, sobald ich alle Kräuter gesammelt habe. Wenn du sie nacheinander langsam kaust, wird dein Fieber verschwinden. Das verspreche ich dir." Schnell ging sie in den Wald und sammelte dort die sieben Kräuter. Sorgfältig pflückte sie verschiedene Blätter und Zweige und brachte dann alles zu Heinrich ins Schloss. Sie erklärte ihm genau, in welcher Reihenfolge er die Kräuter einnehmen musste. Der König, sein älterer Sohn Hubertus und auch die Diener des Königs schauten ihr gespannt zu. Heinrich wimmerte vor Schmerzen. Nachdem er alle sieben Kräuter langsam gekaut hatte, reichte sie ihm noch ein Glas Wasser. „Trink das Wasser und dann schlaf noch eine Weile. Du wirst sehen, wenn du aufwachst, ist das Fieber verschwunden", sagte sie zu ihm. Tatsächlich schlief Heinrich kurz darauf ein. Annabel blieb an seinem Bett sitzen, auch der König verließ das Zimmer nicht. Er wollte wissen, ob die Bauerstochter wirklich helfen konnte oder ob sie sich alles nur ausgedacht hatte. Nach einer guten Stunde wachte Heinrich auf. Er öffnete die Augen und lächelte seinen Vater und Annabel an. Sofort stand er auf, sein Fieber war verschwunden und es ging ihm gut. Er war wieder gesund. Alle im Schloss freuten sich und feierten ein großes Fest. Am Abend durfte Annabel ihre Wünsche verkünden. Sie wünschte sich ein wunderschönes Kleid, ein neues Haus für sich und ihre Eltern und Freude. Innerhalb eines Jahres erfüllten sich ihre Wünsche. Annabel lebte glücklich und zufrieden in der Nähe des Schlosses. Immer wenn jemand eine Krankheit hatte, kam er zu ihr und ließ sich von ihr mit ihren Kräutermischungen helfen. Und wenn sie nicht gestorben ist, dann lebt sie noch heute.

Seite 35

1
- Angaben zur Hauptfigur *(grün)*: kleiner Junge (Zeile 1–2), Joshua (Zeile 2), aufgehört zu wachsen (Zeile 3–4), winzig und schwach (Zeile 6)
- Angaben zum Handlungsort *(blau)*: Wald (Zeile 8), nach Hause (Zeile 10), Kammer (Zeile 12)

2 **So könnten deine Ideen lauten:**
A Du sollst im Wald eine Höhle suchen und den darin eingesperrten Fasan befreien!
B Joshua begegnet Zwerg, der Hilfe braucht, um Fasan zu befreien
C Fasan wird befreit, Joshua beginnt wieder zu wachsen

3 **So könnte dein Schreibplan aussehen:**
Figuren im Märchen: Joshua, Zwerg, Fasan; Orte im Märchen: Wald, Höhle; Gegenstände im Märchen: Feder, Zaubertrank

Fortsetzung:
Handlungsschritte

Welche Aufgabe wird gestellt?	X Joshua soll jemanden befreien.
Wie schafft es die Figur, die Aufgabe zu erfüllen?	Joshua trinkt Zaubertrank, um so stark zu werden, dass er Fels zur Seite schieben kann
Welche Schwierigkeiten gibt es?	Eingang der Höhle ist von Fels versperrt

Schluss/Schlusssatz: Wie durch ein Wunder begann Joshua zu wachsen

Seite 36

4 a **So könnte die Fortsetzung lauten:**
Joshua sollte einen **verwunschenen** Fasan aus einer Höhle befreien. Dabei begegnete er einem **winzigen** Zwerg und unterhielt sich mit ihm. Der Zwerg hatte die **magische** Feder geschickt, denn er brauchte einen **klugen** Helfer, um den Weg zur Höhle zu finden und den Fasan zu befreien. Joshua half dem **verzweifelten** Zwerg. Zum Dank versprach der Zwerg, dass nach drei Tagen etwas Gutes passieren würde.
b Zeile 4
c **So könnte das Gespräch lauten:**
Der Zwerg sagte zu Joshua: „Gut, dass du gekommen bist, ich schaffe das nicht allein. Hilf mir bitte, den Fasan zu befreien!" Joshua antwortete: „Lass uns gleich beginnen, damit der Fasan nicht länger leiden muss."

5

Präsens	Präteritum	Präsens	Präteritum
sie schreibt	sie schrieb	sie denken	sie dachten
er läuft	er lief	er murmelt	er murmelte
er bittet	er bat	er verspricht	er versprach

6 **So könnte dein Märchen lauten:**

Die magische Feder

Es war einmal ein kleiner Junge, der hieß Joshua. Irgendwann hatte er aufgehört zu wachsen. Alle machten sich große Sorgen um ihn, weil er so winzig und schwach war. Eines Tages fand Joshua, als er im Wald spielte, eine lange, golden glänzende Feder. Er nahm sie mit nach Hause und legte sie auf den alten Holztisch in seiner Kammer. Am nächsten Morgen stellte er verwundert fest, dass die Feder ihm eine Aufgabe auf ein Blatt geschrieben hatte: „Du sollst im Wald eine Höhle suchen und den darin eingesperrten Fasan befreien!", stand dort. Nachdem Joshua die Aufgabe gelesen hatte, eilte er sofort in den Wald, um die Höhle mit dem eingesperrten Fasan zu suchen. Er war noch gar nicht lange unterwegs, als er plötzlich ein leises Rascheln und Murmeln im Gebüsch hörte. „Wer ist dort?", rief Joshua erschrocken. Dann sah er einen winzigen Zwerg aus dem Geäst hervorkriechen. Der Zwerg antwortete: „Keine Angst, ich habe dich schon erwartet. Ich habe dir die magische Feder geschickt, damit du mir hilfst, den eingesperrten Fasan zu finden und zu befreien. Der Fasan hat sich in eine Höhle verirrt und kommt nicht mehr heraus, weil ein heruntergefallener Fels den Eingang versperrt!" Joshua wollte gern helfen und gemeinsam machten sie sich auf den Weg. Als es schon dämmerte, horchte Joshua auf. Er hatte das ängstliche Schreien des Fasans gehört. Es kam von ganz nah. Und dann entdeckte er die Höhle mit dem großen Felsbrocken vor dem Eingang. „Oje, wie sollen wir nur den Eingang frei bekommen?", fragte er verzweifelt. Der Zwerg hatte eine Idee und antwortete: „Ich habe einen Zaubertrank. Wenn du davon trinkst, wirst du für kurze Zeit so groß wie ein Riese. Hier, nimm. Bei mir wirkt der Zauber nicht!" Joshua trank einen kleinen Schluck. Und tatsächlich: Sein Körper wuchs und wuchs, bis er so viel Kraft hatte, dass er den schweren Fels zur Seite rollen konnte. Der Fasan kroch aus der Höhle heraus, krächzte laut zum Dank und flog davon. Joshua und der Zwerg freuten sich, dass sie den Vogel gerettet hatten. Bevor sie sich verabschiedeten, verriet ihm der Zwerg flüsternd: „Du wirst sehen, dir soll zum Dank etwas Gutes passieren." Und wie durch ein Wunder begann Joshua von diesem Tag an zu wachsen.

Seite 38

Ein Gedicht untersuchen und vortragen – Die Krabbe

1 b C

2 a 1. Strophe: Vers 1–2, 2. Strophe: Vers 3–6, 3. Strophe: Vers 7–10, 4. Strophe: Vers 11–12

b A Das Gedicht „Karl die Krabbe" von Sibylle Seith hat **vier** Strophen.
B Die erste Strophe des Gedichts besteht aus **zwei** Versen.
C Daran schließen sich die zweite und dritte Strophe mit jeweils **vier** Versen an.
D Die letzte Strophe hat, wie die erste Strophe, **zwei** Verse.

3 a

Karl die Krabbe, die war krank	a	nicht mehr blau	c	sie machte einen Purzelbaum	e
bis sie wurde furchtbar schlank	a	sah, sondern grau	c	die Scheren verhedderten sich kaum	e
Auch die Augen taten weh	b	Nach ein paar Tagen wich das Blass	d	Frisch und rosa jubelt sie:	f
so dass sie die ganze See	b	und die Krabbe sprang ins Nass	d	„Krank? Ach was, das war ich nie!"	f

b Das Gedicht „Karl die Krabbe" weist einen **Paarreim** auf.

Grammatik

Seite 39

Wortarten – Auf Entdeckungstour

1 a (1) Schatzkarte, (2) Fernrohr, (3) Spaten, (4) Freund, (5) Mut, (6) Rucksack, (7) Wanderschuhe, (8) Geduld

b **Lebewesen:** (4) Freund, **Gegenstände:** (1) Schatzkarte, (2) Fernrohr, (3) Spaten, (6) Rucksack, (7) Wanderschuhe
Gedanken, Ideen, Zustände: (5) Mut, (8) Geduld

2 a, b das Taschenmesser, die Sonnenbrille, der Fotoapparat, das Tagebuch, der Sonnenschein, der Kompass, das Zelt, der Schlafsack

Seite 40

3 Hamburg, Elbe. Gestern erlebte Jonas M., ein (1) **Schüler,** eine (2) **Überraschung.** Denn er fand durch (3) **Zufall** im (4) **Sand** eine (5) **Kiste.** Jonas M. entdeckte darin eine (6) **Schatzkarte.** Nun rätselt man, ob diese zu einem wertvollen (7) **Schatz** führt.

4 a „... Da öffnete sich die Kiste plötzlich mit einem leisen Geräusch. Sofort verbreitete sich ein muffiger Geruch und zahlreiche Motten flatterten heraus. Als das Licht hineinfiel, sah ich zu meiner Überraschung eine Schatzkarte. Und darunter waren noch andere Schätze versteckt! Ich fand eine große Muschel, ein altes, vergilbtes Buch, eine braune Holzpfeife, acht kleine Glaskugeln und ein morsches Holzstück."

b Lebewesen	Gegenstände	Gedanken, Ideen, Zustände ...
die Motten	die Kiste, die Schatzkarte, die Schätze, die Muschel, das Buch, die Holzpfeife, die Glaskugeln, das Holzstück	das Geräusch, der Geruch, das Licht, die Überraschung

5 **Diese Nomen könntest du ergänzen:**

Lebewesen	Gegenstände	Gedanken, Ideen, Zustände ...
der Wal, die Möwe, der Seeräuber	der Säbel, das Schiff, das Tagebuch	der Wind, die Wut, die Stille

Seite 41

6 b A Topf – männlich B Boje – weiblich C Seil – sächlich

c B **Eine** Boje ist angespült worden. **Die** Boje ist gelb.
C **Ein** Seil hat sich um ein Holz gewickelt. **Das** Seil hat einen dicken Knoten.

d **So könnten deine Sätze lauten:**
D Ein Schuh liegt neben einem Rettungsring. Der Schuh ist kaputt.
E Eine Flasche wurde angespült. In der Flasche ist ein Zettel.
F Ein Rettungsring liegt am Strand. Der Rettungsring stammt von einem Schiff.
G Ein Spielzeugschiff liegt im Sand. Das Spielzeugschiff wurde von einem Kind vergessen.

Seite 42

7 a (1) die Hütte – die Hütten
(2) die Insel – die Inseln
(3) der Hügel – die Hügel
(4) die Richtung – die Richtungen
(5) das Ziel – die Ziele
(6) der Eingang – die Eingänge
(7) der Schatz – die Schätze
(8) der Berg – die Berge
(9) die Höhle – die Höhlen

b, c
(**Singular**, **Plural**)
Um zu dem **Ziel** zu gelangen, muss man an der Ostküste der **Insel** ankern. Südlich erkennt man zwei verfallene **Hütten,** die auf einem kleinen **Hügel** stehen. Nördlich kann man in der Ferne die beiden **Eingänge** der sagenumwobenen „Diamantenhöhle" sehen. Man läuft **Richtung** Norden und lässt die **Höhle** rechts hinter sich. Nach einer Weile gelangt man zum „Tal der Finsternis". Deutlich erkennt man die fünf **Berge,** die das Tal umgeben. Schließlich sieht man an der Westküste zwei auffällige **Hügel.** Dort befindet sich der **Schatz.**

8 Nomen, die es nur im Plural gibt: die Eltern, die Kosten, die Spaghetti, die Geschwister, die Ferien, die Leute
Nomen, die es nur im Singular gibt: das Gold, der Regen, die Jugend, die Furcht

Seite 43

9 a der Anker

b A **Der Anker** muss hochgezogen werden, wenn das Schiff ablegt.
B Das Gewicht **des Ankers** sorgt für einen guten Halt.
C Zu viel Rost schadet **dem Anker.**
D Man kann **den Anker** außen an der Bordwand des Schiffes sehen.

c **Die Flagge** ist auf offener See oft schon von Weitem zu sehen. Ein Totenkopf gibt **der Flagge** ein unheimliches Aussehen. Die Farbe **der Flagge** ist schwarz-weiß. Auf jedem Piratenschiff hisst die Mannschaft **die Flagge.**
Dicke Taue geben **der Kanone** Halt auf dem Schiff. **Die Kanone** ist aus Eisen. Bei einem Angriff laden die Matrosen **die Kanone.** Die Kugeln **der Kanone** bestehen aus Blei.

10 **Mögliche Sätze:**
Das Wasserfass steht an Deck. Der Deckel **des Wasserfasses** besteht aus Holz. Ein Matrose versetzt **dem Wasserfass** einen Tritt. Zwei Schiffsjungen werfen **das Wasserfass** über Bord.

Seite 44

11 a **Der Seefahrer Francis Drake**
Francis Drake war ein wagemutiger Entdecker. Schon als dreizehnjähriger Schiffsjunge hatte der Seefahrer sein Handwerk gelernt. Später beauftragte die englische Königin den Seefahrer, die Magellanstraße zu suchen. Dieser Seeweg führt an Südamerika vorbei und gilt als besonders schwierig. Zudem befahl sie dem Seefahrer, möglichst viele spanische Schiffe zu überfallen und den Besitz an sich zu bringen. Diese Aufgabe des Seefahrers sollte natürlich geheim bleiben. Offiziell verurteilte die Königin sogar Drakes Treiben.

b Nomen	Fragewort	Fall (Kasus)
der Seefahrer	Wer oder was?	Nominativ
des Seefahrers	Wessen?	Genitiv

Nomen	Fragewort	Fall (Kasus)
dem Seefahrer	Wem?	Dativ
den Seefahrer	Wen oder was?	Akkusativ

12 a 1579 hatte (1) **das Schiff** *Nuestra Señora de la Conceptión* einen wertvollen Schatz geladen. Francis Drake gelang es, (2) **das Schiff** zu überfallen und den Schatz in seinen Besitz zu bringen. Der Fang übertraf alles, was er bis dahin erbeutet hatte. Im Frachtraum (3) **des Schiffes** fand Drake Gold und Silber, Edelsteine und teure Gewürze. Seine Mannschaft war sechs Tage lang mit dem Umladen beschäftigt, um (4) **dem Schiff** die wertvolle Ladung zu entnehmen.

b (1) Wer oder was? – Nominativ (2) Wen oder was? – Akkusativ (3) Wessen? – Genitiv (4) Wem? – Dativ

Seite 45

13 a Zeile 2: die Welt – Wen oder was? (Akkusativ)
Zeile 3: ein Matrose – Wer oder was? (Nominativ)
Zeile 4–5: ein Feuer – Wen oder was? (Akkusativ)
Zeile 6: des Feuers – Wessen? (Genitiv)
Zeile 8: Dem Mann – Wem? (Dativ)
Zeile 10: des Mannes – Wessen? (Genitiv)

b Der Kapitän **des Segelschiffes,** Woodes Rogers, kehrte in seine Geburtsstadt Bristol zurück und verfasste **einen Reisebericht** mit seinen Erlebnissen. Er gab **dem Buch** den Titel „A Voyage around the World". In diesem Buch beschreibt der Kapitän **den Aufenthalt** des einsamen Matrosen auf der Insel. Die Veröffentlichung **des Buches** brachte **den Schriftsteller** Daniel Defoe auf die Idee, **einen Roman** zu schreiben, der 1719 unter dem Titel „Robinson Crusoe" erschien.

14 **Mögliche Sätze:**
(1) Ich suche **einen guten Schlafplatz.** (Akkusativ)
(2) Ich begegne **einem fremden Menschen.** (Dativ)
(3) Ich entdecke **eine Wasserstelle.** (Akkusativ)
(4) Am meisten fehlt mir **meine Freundin.** (Nominativ)

Seite 46

1 a, b
A Sie steht vorn und schaut auf das Meer. (Piratin)
B Es schlägt gegen die Schiffsplanken. (Wasser)
C Der Kapitän gibt ihnen Befehle. (Matrosen)
D Er hängt außen an der Schiffswand. (Anker)
E Der Matrose gibt ihr einen Fisch. (Katze)

2 a, b

Anne Bonny – Heldin in Männerkleidern

Frauen waren auf Piratenschiffen eine absolute Seltenheit, denn **sie** wurden dort nicht geduldet. Einige abenteuerlustige Frauen ließen sich von dem Verbot aber nicht abschrecken. **Sie** heuerten in Männerkleidung auf Piratenschiffen an. Das Piratenleben begeisterte Männer und Frauen, weil **es** Ruhm und Reichtum versprach. Eine der berühmtesten Piratinnen war Anne Bonny. **Sie** stammte aus Irland und wanderte Anfang des 18. Jahrhunderts nach Nordamerika aus. Später schloss sie sich dem Piratenkapitän Jack Rackham an. **Er** trieb in der Karibik sein Unwesen. Rackham ließ sich vom Mut und der Tatkraft Bonnys überzeugen und nahm **sie** mit an Bord.

Seite 47

3 a (2) Als Mann verkleidet trat Mary Read in die englische Armee ein.
(3) Dort lernte die Engländerin einen Soldaten kennen und verliebte sich in den Soldaten.
(5) Die Engländerin beschloss, sich Rackham anzuschließen.
(6) Auf seinem Schiff begegnete die Engländerin der Piratin Anne Bonny.

b **Mary Read – Von der Reisenden zur Piratin**
(1) Ende des 17. Jahrhunderts kam Mary Read in London zur Welt. (2) Als Mann verkleidet trat **sie** in die englische Armee ein. (3) Dort lernte die Engländerin einen Soldaten kennen und verliebte sich in **ihn**. (4) Als ihr Mann starb, segelte Mary Read in die Karibik, doch unterwegs wurde das Schiff von Jack Rackham überfallen. (5) Die Engländerin beschloss, sich **ihm** anzuschließen. (6) Auf seinem Schiff begegnete **sie** der Piratin Anne Bonny. (7) Die beiden wurden Freundinnen.

4 **So lauten die richtigen Sätze:**
Es gab sogar Piratinnen! Wie es **ihnen** auf See ergangen ist, würde ich gerne wissen!
Ihr habt gefragt, ob es heute noch Piratinnen gibt. Das kann ich **euch** nicht sagen.
Wie konnten die Piratinnen unerkannt bleiben? Das ist **uns** nicht klar.

5 **Mögliche Fragen:**
- Gibt **es** heute auch noch Piratinnen und wo kann man **sie** finden?
- Anne Bonny und Mary Read gefallen **mir.** Was wohl aus **ihnen** geworden ist?

Seite 48

1 a Einige Adjektive passen nicht. Sie entsprechen nicht den Zahlenangaben.

b, c

Zeile 2: Das ~~kleine~~ Schiff – große
Zeile 3–4: ~~unauffälligen~~ Schornsteine – auffälligen
Zeile 5: dem ~~kurzen~~ Schiff – langen
Zeile 6: ~~billigen~~ und aufwändigen Ausstattung – teuren

2
A Das **riesige** Schiff verließ am 10. April 1912 den Hafen von Southampton in Großbritannien.
B Das Ziel des **riesigen** Schiffes war New York.
C Zahlreiche Zuschauer beobachteten das **riesige** Schiff beim Auslaufen.
D Sie winkten dem **riesigen** Schiff zum Abschied hinterher.

3 **Mögliche Lösung:**
Das **berühmte** Schiff mit dem **stolzen** Namen *Titanic* versank in einer **tragischen** Nacht im **eiskalten** Meer, nachdem es einen **riesigen** Eisberg gerammt hatte.

Seite 49

4 **Mögliche Sätze:**
- Das U-Boot Meeresflug I ist kürzer als Tiefseeforscher.
- Am längsten ist Meeresflug II.
- Schneller als Meeresflug II ist Meeresflug I.
- Am langsamsten ist Tiefseeforscher.
- Die größte Tauchtiefe erreicht Tiefseeforscher.
- Meeresflug I taucht tiefer als Meeresflug II.
- Schwerer als Tiefseeforscher ist Meeresflug II.
- Am leichtesten ist Meeresflug I.

5
A Meeresflug II und Tiefseeforscher sind länger **als** Meeresflug I.
B Meeresflug I ist schneller **als** die beiden anderen U-Boote.
C Tiefseeforscher ist in etwa so schwer **wie** Meeresflug II.
D Tiefseeforscher taucht tiefer **als** die beiden Vorgänger.

Seite 50

1
A Der Kapitän **schaut** durch sein Fernglas.
B Ein Mann **putzt** ein Fenster.
C Eine Frau **trägt** einen Koffer.
D Zwei Kinder **winken.**
E Eine Boje **schwimmt** im Wasser.
F Ein Seemann **angelt.**

2 a Einige Verben passen nicht.

b, c

Zeile 1: ~~steht~~ → *liegt*, sind, ~~liegen~~ → *stehen*
Zeile 2: ~~schwimmen~~ → *fahren*, beobachtet
Zeile 3: ~~quakt~~ → *bellt*, ~~singen~~ → *sprechen*, ~~tanzt~~ → *sitzt*
Zeile 4: ~~ruft~~ → *steht*, ~~lacht~~ → *weint*, ~~fährt~~ → *fliegt*

3 **Mögliche Sätze:**
Zwei Passagiere schauen aufs Meer. / Eine Frau steht am Fenster. / Ein Fisch beißt an.

Seite 51

4 a A Starke Verben verändern den Vokal im Wortstamm, wenn man sie konjugiert, z. B.: *lesen – ich lese – du liest.*
B Schwache Verben haben im Wortstamm immer den gleichen Vokal.

b

Starke Verben	Schwache Verben
sprechen → er spricht	reden → er redet
laufen → er läuft	spielen → er spielt
essen → er isst	tauchen → er taucht
fahren → er fährt	lachen → er lacht
treffen → er trifft	brauchen → er braucht
halten → er hält	tanzen → er tanzt
schlafen → er schläft	schenken → er schenkt
wissen → er weiß	schauen → er schaut
	suchen → er sucht

c **Mögliche Beispielsätze mit starken Verben:**
- Er trifft am Nachmittag seine Freunde.
- Fährst du mit mir ans Meer?

Mögliche Beispielsätze mit schwachen Verben:
- Er lacht über den guten Witz.
- Die Mannschaften spielen gegeneinander.

Seite 52

Teste dich! – Die Wortarten

1 a, b, c

	N	G	D	A
(1) Das Bellen **des Hundes** ist schon von Weitem zu hören.		X		
(2) **Der Hund** springt auf das Schiff.	X			
(3) Ein paar Kinder sehen **den Hund.**				X
(4) Sie streicheln **ihn.**				X
(5) Der Schiffskoch gibt **dem Hund** etwas zu fressen.			X	
(6) Er reicht **ihm** einen großen Knochen.			X	

2 a **Diese Adjektive passen jeweils nicht:** A spitz B flüssig

b A Wir legen uns in den **weichen, gelben, feinen** und **warmen** Sand.
B Ich lese ein **lustiges, neues, dünnes** und **teures** Buch.

3 A kleiner B größten C lang

4 **Die drei starken Verben lauten:** sprechen, essen, treffen

Seite 53

Das Tempus des Verbs – Zeitreisen

1 a, b **Mögliche Sätze:**
- Eine Frau lieg[t] unter dem Sonnenschirm.
- Ein Hund schnapp[t] eine Wurst.
- Die Sonne schein[t] heiß.
- Ein Eis schmilz[t] in der Hand.

2 A **Mögliche Sätze:**
- Eis schmilzt bei Temperaturen über 0°C.
- Ein Quadrat hat vier Ecken.
- Wir holen jeden Morgen frische Brötchen.

B **Mögliche Sätze:**
- Wenn ich 18 bin, mache ich eine Weltreise.
- Nächste Woche bekomme ich ein neues Fahrrad.
- Morgen feiere ich meinen Geburtstag.

Seite 54

1 a, b

E rennen – gerannt
B laufen – gelaufen
D bauen – gebaut
A aufwachen – aufgewacht
F finden – gefunden
C schwimmen – geschwommen

c „Ben und ich **sind** heute Morgen zeitig **aufgewacht.** Wir **sind** gleich an den Strand **gelaufen.** Später **sind** wir bis zu einem großen Stein **geschwommen.** Dann **habe** ich eine Sandburg **gebaut** und **bin** mit Fritz um die Wette **gerannt.** Stell dir vor, dabei **habe** ich eine Flaschenpost **gefunden!**"

2 **Mögliche Sätze:**
Fritz ist ins Wasser gesprungen. Er hat nach Möwen gejagt.

Seite 55

3 a Das Perfekt wird häufig mit *sein (bin, sind)* gebildet, ...
... wenn jemand oder etwas sich bewegt – *sind gerannt*
... wenn sich der Zustand von jemandem oder etwas verändert – *sind aufgewacht*

b ich **habe** gegessen ich **bin** gefahren ich **habe** gesehen
ich **habe** gehört ich **bin** gegangen es **ist** geschmolzen

4 a, b

Perfekt mit *haben*

	bauen	**finden**
ich	habe gebaut	habe gefunden
du	hast gebaut	hast gefunden
er/sie/es	hat gebaut	hat gefunden
wir	haben gebaut	haben gefunden
ihr	habt gebaut	habt gefunden
sie	haben gebaut	haben gefunden

Perfekt mit *sein*

	laufen	schwimmen	rennen
ich	bin gelaufen	bin geschwommen	bin gerannt
du	bist gelaufen	bist geschwommen	bist gerannt
er/sie/es	ist gelaufen	ist geschwommen	ist gerannt
wir	sind gelaufen	sind geschwommen	sind gerannt
ihr	seid gelaufen	seid geschwommen	seid gerannt
sie	sind gelaufen	sind geschwommen	sind gerannt

5 ich habe **gehabt,** ich bin **gewesen**

Seite 56

6 a, b
A „Bei meinem letzten Tauchgang habe ich wieder Schwerstarbeit geleistet."
B „Ich bin mit einer Ausrüstung von 50 Kilo ins Wasser gesprungen."
C „So ausgerüstet habe ich immer wieder unglaubliche Augenblicke erlebt."
D „Einmal bin ich in Mexiko in einer Höhle getaucht."
E „Da habe ich das Gefühl gehabt, durch den Weltraum zu schweben."

7 Der Wasserspiegel ist gestiegen.
Alle Passagiere haben das Schiffsunglück überlebt.
Ein Superstar hat eine Insel gekauft.
Ein Schiff ist im Bermudadreieck gesunken.

8 **Weitere Beispiele:**
Unbekannte Tierart entdeckt! – Ein Forscherteam hat eine unbekannte Tierart entdeckt.
Tauchrekord gebrochen! – Ein Taucher hat den aktuellen Tauchrekord gebrochen.
Ärmelkanal durchschwommen – Ein 16-Jähriger ist durch den Ärmelkanal geschwommen.

Seite 57

1 a, b
A Schon vor langer Zeit galten Delfine als besondere Tiere.
B Heute gelten diese Meeressäuger als besonders intelligent.
C Bereits in der Antike gab es Berichte über ihre erstaunliche Hilfsbereitschaft.
D Auch heutzutage gibt es immer wieder Nachrichten über helfende Delfine.
E Die alten Griechen verehrten sie früher als Beschützer von Reisenden.
F In der heutigen Zeit verehren vor allem Kinder die niedlichen Tiere.

c

(1) Delfine in der Vergangenheit	(2) Delfine in der Gegenwart
Schon vor langer Zeit galten Delfine als besondere Tiere. Bereits in der Antike gab es Berichte über ihre erstaunliche Hilfsbereitschaft. Die alten Griechen verehrten sie früher als Beschützer von Reisenden.	Heute gelten diese Meeressäuger als besonders intelligent. Auch heutzutage gibt es immer wieder Nachrichten über helfende Delfine. In der heutigen Zeit verehren vor allem Kinder die niedlichen Tiere.

d Spalte (1) Zeitform: Präteritum   Spalte (2) Zeitform: Präsens

2 leben – er lebte, suchen – er suchte, lernen – er lernte, lieben – er liebte, nutzen – er nutzte, fürchten – er fürchtete

Seite 58

1 a „Wir verehren Wale als Urväter aller Arten und haben großen Respekt vor ihnen!"
„Wir sehen große Wale als Meeresungeheuer und fürchten uns vor ihnen!"
„Wir vergöttern vor allem die Schwertwale. Wir halten sie für mächtige, übernatürliche Wesen!"
b Präsens

c **Blick in die Vergangenheit – Menschen und Wale**
Die Menschen in der griechischen Antike **sahen** besonders große Wale als Meeresungeheuer und **fürchteten** sich vor ihnen.
Die frühen Maori in Neuseeland **verehrten** Wale als Urväter aller Arten und **hatten** großen Respekt vor ihnen.
Die nordamerikanischen Indianer **vergötterten** vor allem die Schwertwale und **hielten** sie für mächtige, übernatürliche Wesen.

2 A schrieb B schrieb C schriebst D schrieben

Seite 59

3 a, b

A Die Vorfahren der Wale **waren** Säugetiere, die an Land **lebten.**
B Schon in der Steinzeit **kannten** die Menschen Wale und **zeichneten** sie an Höhlenwände.
C In der griechischen Mythologie **hielt** man Delfine für verzauberte Menschen.
D Die Griechen **ehrten** Wale und Delfine jeweils mit einem eigenen Sternbild.
E Bereits vor 7000 Jahren **jagten** Einwohner der koreanischen Halbinsel Wale.
F Der britische Kapitän William Scoresby **gehörte** zu den ersten Walfängern, die Bücher über ihre Erlebnisse **schrieben** und **veröffentlichten.**
G Im 20. Jahrhundert **erkannten** die Menschen, dass der Walbestand in Gefahr ist.

4 a, b

Infinitiv	3. Person Singular Präsens	3. Person Singular Präteritum	3. Person Singular Perfekt
laufen	er läuft	er lief	er ist gelaufen
lesen	er liest	er las	er hat gelesen
schlafen	er schläft	er schlief	er hat geschlafen
sprechen	er spricht	er sprach	er hat gesprochen
nehmen	er nimmt	er nahm	er hat genommen
gehen	er geht	er ging	er ist gegangen
halten	er hält	er hielt	er hat gehalten
helfen	er hilft	er half	er hat geholfen
liegen	er liegt	er lag	er hat gelegen
sein	er ist	er war	er ist gewesen

5 **Mögliche Sätze:**

- Gestern **las** mir mein Freund eine spannende Geschichte vor.
- Bei der schwierigen Aufgabe **half** mir meine Freundin.
- Jonas **ging** mit seinem Freund ins Kino.
- Heute Morgen **lag** ein Päckchen vor meiner Tür.

Seite 60

6 a Zeile 2: verirren Zeile 4: stirbt, bemühen Zeile 5: fangen, ziehen Zeile 6: schickt Zeile 7: folgen Zeile 7–8: erreicht Zeile 9: helfen
b Gestern (Zeile 1), immer wieder (Zeile 9)
c Zeile 2: verirrten Zeile 4: starb, bemühten Zeile 5: fingen, zogen Zeile 6: schickte Zeile 7: folgten Zeile 7–8: erreichte

7 a stand, biss, aß, fror, gab, ging, goss, lud, roch, schlich, schob, schnitt, sah, war, saß, stahl, tat, wuchs
b stand – stehen, biss – beißen, aß – essen, fror – frieren, gab – geben, ging – gehen, goss – gießen, lud – laden, roch – riechen, schlich – schleichen, schob – schieben, schnitt – schneiden, sah – sehen, war – sein, saß – sitzen, stahl – stehlen, tat – tun, wuchs – wachsen

8 **So könnte deine Geschichte lauten:**
Ich **stand** am Strand und **sah** auf das Meer. In der Dunkelheit **fror** ich. Deshalb **ging** ich ein bisschen spazieren, als mich plötzlich ein riesiger Krebs in den Fuß **biss.** Oh, wie das weh **tat!** Ich humpelte in Richtung Stadt, um mit dem Bus nach Hause zu fahren. Da **sah** ich auf einmal eine Gestalt, die die Straße entlang**schlich.** Ich erschrak sehr und meine Angst **wuchs,** als sie auf mich zukam. Doch dann erkannte ich meinen Freund Theo. Ich erzählte ihm, was mir passiert war. Er sagte: „Das tut mir aber leid!" Und dann **lud** er mich zum Essen ein. Wir **gingen** in ein schönes Restaurant und **saßen** direkt neben der Küche. Wie gut das **roch!** Nach dem Essen bestellten wir noch einen Schokoladenkuchen. Ich **schnitt** den Kuchen in einzelne Stücke und gab Theo eins. Genüsslich **aßen** wir. Mittlerweile regnete es draußen. Es **goss** wie aus Kübeln. Zum Glück **war** Theo mit dem Auto da und fuhr mich nach Hause. So hatte ich noch einen schönen Abend.

Seite 61

Teste dich! – Die Zeitformen des Verbs

1 „Ich habe eine riesige Sandburg gebaut. Ich bin zu einer kleinen Insel geschwommen. Ich habe Delfine gesehen und ich habe viele Fotos gemacht."

2 Gestern las, lernte, sprach, schlief, lachte, liebte, lebte ich.

3

Präsens	Präteritum	Perfekt
Ich schreibe den Brief.	Ich schrieb den Brief.	Ich habe den Brief geschrieben.
Ich gehe ins Kino.	Ich ging ins Kino.	Ich bin ins Kino gegangen.
Ich bin faul.	Ich war faul.	Ich bin faul gewesen.

4 **San Francisco/USA.** Viele Wale **sind** heute durch moderne Fangmethoden in Gefahr. Am vergangenen Wochenende **befreiten** Taucher einen 16 Meter langen Buckelwal aus Fischernetzen. Sie **halfen** dem Meerestier, indem sie das Netz **auftrennten.** Nach der Rettungsaktion **dankte** der Wal seinen Helfern: Er **berührte** jeden Taucher einmal kurz mit seiner Nase.

Seite 62

Satzarten und Satzglieder unterscheiden – Fremde Welten

1 a A Bestimmt hatten die Menschen damals keine Haustiere!
B Kannst du mir vielleicht weiterhelfen?
C Hatten die Menschen in der Steinzeit Haustiere?
D Zahme Wölfe waren die ersten Haustiere der Steinzeitmenschen.

b B Du kannst mir vielleicht weiterhelfen.
D Waren zahme Wölfe die ersten Haustiere der Steinzeitmenschen?

2 a, b

Wie wurde der Wolf zum Hund**?** Vermutlich hatten Steinzeitkinder die Idee, Wölfe zu zähmen**.** Sie fanden wahrscheinlich verlassene Wolfswelpen und nahmen sie mit nach Hause**.** Dort fütterten die Kinder die Welpen mit Essensresten und freundeten sich mit ihnen an**.** Dadurch wurden die Welpen zahm**.** Die Tiere betrachteten die Kinder als ihre Familie und liefen nicht weg**.** Sie ahmten sogar menschliche Gesichtszüge nach, wie zum Beispiel ein menschliches Lächeln**.** Kein wilder Wolf würde so etwas tun**!** Später gingen die zahmen Wölfe mit auf die Jagd**.**

Seite 63

1 a In Spanien entdeckte ein neunjähriges Mädchen uralte Höhlenzeichnungen.
b Ein neunjähriges Mädchen entdeckte in Spanien uralte Höhlenzeichnungen.
Uralte Höhlenzeichnungen entdeckte ein neunjähriges Mädchen in Spanien.
c [In Spanien] [entdeckte] [ein neunjähriges Mädchen] [uralte Höhlenzeichnungen].

2 a **Mögliche Lösungen:**
A Oft malten die Steinzeitmenschen verschiedene Tiere an die Höhlenwände.
B Aus Holzkohle, Pflanzensäften und Gesteinen mischten die Steinzeitmenschen die Farben.
C Sie malten mit Pinseln aus Tierhaaren oder Zweigen.
b A [Die Steinzeitmenschen] [malten] [oft] [verschiedene Tiere] [an die Höhlenwände].
B [Die Steinzeitmenschen] [mischten] [die Farben] [aus Holzkohle, Pflanzensäften und Gesteinen].
C [Malten] [sie] [mit Pinseln aus Tierhaaren oder Zweigen] ?

3 Die Steinzeitmenschen suchten Schutz in Höhlen. / Lange lebten sie als Nomaden.

Seite 64

4 a Gingen Steinzeitkinder in die Schule?
b In der Steinzeit gab es keine Schulen. In der Steinzeit lernten die Kinder alles von ihren Eltern. Sie begleiteten die Erwachsenen bei ihren täglichen Arbeiten. Sie spielten die Aktionen der Erwachsenen auch nach. Sie jagten beispielsweise mit selbstgebauten Speeren ein ausgedachtes Wildschwein. Sie halfen auch beim Sammeln von Beeren und Pilzen. Sie merkten sich dabei die guten Stellen. Steinzeitkinder unterschieden giftige und ungiftige Kräuter. Sie beherrschten sogar das Feuermachen.
c **So könnte deine Überarbeitung lauten:**
In der Steinzeit gab es keine Schulen. Die Kinder lernten in der Steinzeit alles von ihren Eltern. Sie begleiteten die Erwachsenen bei ihren täglichen Arbeiten. Die Aktionen der Erwachsenen spielten sie auch nach. Beispielsweise jagten sie mit selbstgebauten Speeren ein ausgedachtes Wildschwein. Sie halfen auch beim Sammeln von Beeren und Pilzen. Dabei merkten sie sich die guten Stellen. Steinzeitkinder unterschieden giftige und ungiftige Kräuter. Sie beherrschten sogar das Feuermachen.

5 a, b
Es gibt folgende Möglichkeiten den Satz umzustellen:
Viele Jahrtausende lang nutzten die Menschen einfache Naturmaterialien zur Werkzeugherstellung.
Viele Jahrtausende lang nutzten die Menschen zur Werkzeugherstellung einfache Naturmaterialien.
Die Menschen nutzten viele Jahrtausende lang einfache Naturmaterialien zur Werkzeugherstellung.
Die Menschen nutzten einfache Naturmaterialien zur Werkzeugherstellung viele Jahrtausende lang.
Zur Werkzeugherstellung nutzten die Menschen viele Jahrtausende lang einfache Naturmaterialien.
Zur Werkzeugherstellung nutzten die Menschen einfache Naturmaterialien viele Jahrtausende lang.
Einfache Naturmaterialien nutzten die Menschen viele Jahrtausende lang zur Werkzeugherstellung.
Einfache Naturmaterialien nutzten die Menschen zur Werkzeugherstellung viele Jahrtausende lang.
Nutzten die Menschen viele Jahrtausende lang einfache Naturmaterialien zur Werkzeugherstellung?
Nutzten die Menschen einfache Naturmaterialien zur Werkzeugherstellung viele Jahrtausende lang?
Nutzten die Menschen zur Werkzeugherstellung viele Jahrtausende lang einfache Naturmaterialien?

Seite 65

1 A Große Freude! Forscher **bejubeln** ihre Entdeckung
B Gedächtnisschwund? Forscher **vergessen** ihre Entdeckung

C Endlich! Forscher **verraten** ihre Entdeckung
D Mysteriös! Forscher **verschweigen** ihre Entdeckung

2 a **Das Rätsel von Stonehenge**
In Großbritannien **X** bis heute seltsame Steinblöcke auf einem freien Feld.
Die Steinriesen von Stonehenge **X** über 40 Tonnen.
Forscher **X** über die Bedeutung der Monumente. Vielleicht **X** sie ein Tempel oder eine Sternwarte?
b Bereits vor über 7000 Jahren **entstanden** in Europa riesige Steinmonumente.
In Großbritannien **stehen** bis heute seltsame Steinblöcke auf einem freien Feld.
Die Steinriesen von Stonehenge **wiegen** über 40 Tonnen.
Forscher **rätseln** über die Bedeutung der Monumente.
Vielleicht **waren** sie ein Tempel oder eine Sternwarte?

Seite 66

3 a, b
B Steinzeitmenschen [stellten] Felsblöcke vor langer Zeit [auf].
C Steinzeitmenschen [stellten] Felsblöcke vor langer Zeit auf einem Feld [auf].
D Steinzeitmenschen [stellten] Felsblöcke vor langer Zeit auf einem Feld senkrecht [auf].
c [Stellten] Steinzeitmenschen Felsblöcke vor langer Zeit auf einem Feld [auf]?

4 a, b, c
A Die Steinzeitmenschen errichteten das Steinmonument von Stonehenge. –
Die Steinzeitmenschen [**bauten**] das Steinmonument von Stonehenge [**auf**].
B Vermutlich transportierten sie die Steine mit Seilen und Holzschlitten. –
Vermutlich [**schafften**] sie die Steine mit Seilen und Holzschlitten [**heran**].
C Bisher löste niemand das Rätsel von Stonehenge. –
Bisher [**klärte**] niemand das Rätsel von Stonehenge [**auf**].

5 a **Folgende Verben bilden zweiteilige Prädikate:**
ausgraben, herausfinden, mitnehmen, ausprobieren, ansehen, herstellen
b **Mögliche Beispielsätze:**
- Die Archäologen **graben** uralte Fundstücke **aus.**
- Die Forscher **finden** Neues über die Vergangenheit der Menschen **heraus.**
- Zur genaueren Untersuchung **nehmen** sie einige Fundstücke **mit.**
- Sie **probieren** neue Testverfahren **aus.**
- Anschließend **sehen** sich die Archäologen die Ergebnisse **an.**
- Offenbar **stellten** die Steinzeitmenschen viele Gegenstände aus Ton **her.**

Seite 67

1 a, b
A Die Sonne parkt auf dem Gelände. – *Ein Bus ...*
B Eine Katze fährt Sand mit einer Schubkarre weg. – *Ein Mann ...*
C Ein Mann schläft unter dem Stuhl. – *Eine Katze ...*
D Ein Bus sortiert Tonschalen. – *Eine Archäologin ...*
E Eine Schaufel scheint heiß. – *Die Sonne ...*
F Eine Archäologin liegt auf dem Boden. – *Eine Schaufel ...*
G Sand weckt die schlafende Katze. – *Das Hupen des Busses ...*
H Das Hupen des Busses fliegt über die Ausgrabungsstelle. – *Ein Vogel ...*
I Ein Vogel wirbelt plötzlich auf. – *Sand ...*

c, d
A Auf dem Gelände parkt ein Bus.
B Mit einer Schubkarre fährt ein Mann Sand weg.
C Unter einem Stuhl schläft eine Katze.
D Tonschalen sortiert eine Archäologin.
E Heiß scheint die Sonne.
F Auf dem Boden liegt eine Schaufel.
G Die schlafende Katze weckt das Hupen des Busses.
H Über die Ausgrabungsstelle fliegt ein Vogel.
I Plötzlich wirbelt Sand auf.

Seite 68

2 a, b, c
A Feine Erdschichten trägt ein junger Helfer ab.
Wer oder was trägt feine Erdschichten ab?
Ein junger Helfer trägt feine Erdschichten ab.
C In dunklen Höhlen bringt eine Taschenlampe Licht ins Dunkel.
Wer oder was bringt in dunklen Höhlen Licht ins Dunkel?
Eine Taschenlampe bringt in dunklen Höhlen Licht ins Dunkel.

B Winzige Einzelheiten erkennt das Mikroskop.
Wer oder was erkennt winzige Einzelheiten?
Das Mikroskop erkennt winzige Einzelheiten.

D Kleinste Tonscherben und winzige Reste fängt ein Sieb auf.
Wer oder was fängt kleinste Tonscherben und winzige Reste auf?
Ein Sieb fängt kleinste Tonscherben und winzige Reste auf.

E Die Länge und Breite von Fundstücken misst der Ausgrabungsleiter.
Wer oder was misst die Länge und Breite von Fundstücken?
Der Ausgrabungsleiter misst die Länge und Breite von Fundstücken.

3 **Mögliche Subjekte:**
A **Hund** stiehlt ein wertvolles Fundstück.
B **Zwei Schülerinnen** entdecken eine versunkene Stadt.
C **Großmutter** verkauft einen Goldschatz.
D **Tourist** entziffert eine Geheimschrift.
E **Freunde** finden einen Geheimgang.
F **Filmstar** verrät ein lang gehütetes Geheimnis.

4 Nach monatelangen Grabungen bei unerträglicher Hitze mit einem fünfköpfigen einheimischen Team fand er in einer afrikanischen Wüstengegend schließlich mehrere über zwei Millionen Jahre alte Steingeräte.

Seite 69

1 a **Machu Picchu – Die „Stadt in den Wolken"**
1450 bauten die Inka eine Stadt auf einem hohen Berg in Peru. Nach hundert Jahren verließen die Bewohner ihre Siedlung. Über 300 Jahre lang fand niemand die leeren Häuser. 1911 bereiste der Amerikaner Hiram Bingham das Land Peru. Dabei entdeckte er ganz zufällig die verlassene Stadt. Ein Indianerjunge hatte bei seinen Streifzügen auf dem Berg Ruinen gesehen. Er wollte sie dem Mann aus Amerika zeigen. Dieser nahm den Tipp dankbar an. Bis heute kann man in der Ruinenstadt Machu Picchu vollständig erhaltene Bauernhütten, Handwerkshäuser, Paläste und Tempel und sogar ein Gefängnis sehen. Aber die Stadt gibt den Forschern noch viele Rätsel auf.

b A Ein Indianerjunge half **dem Reisenden.**
B Der Indianerjunge zeigte **dem Amerikaner** den Weg.
C Hiram Bingham dankte **dem Jungen.**

Seite 70

2 **Auf dem Weg zum Gipfel**
(Akkusativobjekt, Dativobjekt)
Im 15. Jahrhundert besaßen die Inka in Peru nicht nur ein riesiges Herrschaftsgebiet, sondern auch viel Gold und Silber. Als die Spanier 1532 **das Land** eroberten, raubten sie **den Indianern** große Teile ihres wertvollen Besitzes. Seither wollten immer mehr Abenteurer und Forscher **den Schätzen** auf die Spur kommen, die sich im unzugänglichen Dschungel befinden sollten. Hiram Bingham reiste 1911 nach Peru. Der Gedanke, auf seiner Entdeckungstour **einen Goldschatz** zu finden, gefiel **dem Forscher.** Als ein Bauer **dem Archäologen** von sagenumwobenen Ruinen auf einem Bergrücken erzählte, war Bingham nicht mehr zu halten. Mit einem Begleiter machte er sich auf den Weg. Zu zweit überquerten sie **einen Fluss** und kletterten im Dauerregen **eine Steintreppe** hinauf. Ein Indianerjunge zeigte **den Fremden** schließlich **den Weg** zur verlassenen Stadt Machu Picchu.

3 a, b (Akkusativobjekt, **Dativobjekt**)
A Hiram Bingham beschreibt **dem Begleiter** sein Vorhaben.
B Der Begleiter erklärt **dem Forscher** eine Abkürzung.
C Der Archäologe zeigt **seinem Begleiter** die Stadt.

4 A **Dem Begleiter** beschreibt Hiram Bingham sein Vorhaben.
B **Dem Forscher** erklärt der Begleiter eine Abkürzung.
C **Seinem Begleiter** zeigt der Archäologe die Stadt.

Seite 71

5 a, b (Akkusativobjekt, **Dativobjekt**)
A Ein Reiseleiter zeigt **einer Touristengruppe** die berühmte Sehenswürdigkeit.
B Ein Mädchen schickt **seiner Freundin** eine Postkarte.
C Ein Archäologe beschreibt **seinem Mitarbeiter** den Weg.
D Ein Vater kauft **seinen Kindern** ein Eis.
E Ein alter Mann erzählt **den Touristen** eine indianische Legende.
F Ein Hund stiehlt **einer Reisegruppe** den Proviant.
G Ein Wissenschaftler erklärte **einem Arbeitskollegen** die Ruinenanlage.

c **Möglichkeiten für Satz A:**
Einer Touristengruppe zeigt ein Reiseleiter die berühmte Sehenswürdigkeit.
Die berühmte Sehenswürdigkeit zeigt ein Reiseleiter einer Touristengruppe.
Zeigt ein Reiseleiter einer Touristengruppe die berühmte Sehenswürdigkeit?
Zeigt ein Reiseleiter die berühmte Sehenswürdigkeit einer Touristengruppe?

6 a, b **Mögliche Sätze:**
(Akkusativobjekt, **Dativobjekt**)
- Sie schreiben **uns** Postkarten aus dem Urlaub.
- Ein Dieb stiehlt **den Forschern** wertvolle Tonschalen.
- Der Archäologe gibt **seinem Mitarbeiter** einen Übersichtsplan.
- Der Tourist bringt **seinem Kind** einen Teddy.

Seite 72

2 a B Bei der Ausgrabung | stieß | man | auf kleine Zweige .
D Die Menschen | verwendeten | die Zweige | vor 5000 Jahren .

b, c

Die erste Zahnbürste der Welt

Bei einer Ausgrabung wurde ein uralter Alltagsgegenstand gefunden. Man stieß bei der Ausgrabung auf kleine Zweige. Die Entdeckung war eine Sensation. Die Zweige verwendeten die Menschen vor 5000 Jahren. Damit reinigten sie ihre Zähne.

3 a Heute | kann | man | Zahnpasta | überall | kaufen. Heute | ist | Zahnpasta | nichts Besonderes. Schon vor langer Zeit | benutzten | die Menschen | Zahnreinigungsmittel. Schon 4000 v. Chr. | gab | es | eine erste Zahnpasta. Mit Bimsstein und Essig | reinigte | man | die Zähne. Mit diesen Mitteln | wurden | sie | ziemlich sauber.

b, c **Mögliche Überarbeitung:**

Die erste Zahnpasta

Heute kann man Zahnpasta überall kaufen. Zahnpasta ist heute nichts Besonderes. Schon vor langer Zeit benutzten die Menschen Zahnreinigungsmittel. Eine erste Zahnpasta gab es schon 4000 v. Chr. Man reinigte die Zähne mit Bimsstein und Essig. Mit diesen Mitteln wurden sie ziemlich sauber.

Seite 73

4 a **Feuerzeuge in der Steinzeit?**

Splitter des Mineralgesteins Pyrit, einen Feuerstein und einen trockenen Zunderschwamm benutzten die Steinzeitmenschen, um Feuer zu machen. Mit dem Feuerstein schlugen sie auf das Pyrit. Die Funken entstanden dabei. Die Funken entzündeten den Zunderschwamm. Sie brachten damit das Holz zum Brennen. Moderne Feuerzeuge orientieren sich an dieser uralten Technik. Sie enthalten zwar kein Pyrit mehr. Sie funktionieren aber nach einem ähnlichen Prinzip. Durch die Reibung eines Zahnrads werden von einem Metallstück Späne abgerieben, die sich entzünden.

b **Mögliche Überarbeitung:**

Feuerzeuge in der Steinzeit?

Die Steinzeitmenschen benutzten Splitter des Mineralgesteins Pyrit, einen Feuerstein und einen trockenen Zunderschwamm, um Feuer zu machen. Mit dem Feuerstein schlugen sie auf das Pyrit. Dabei entstanden die Funken. Sie entzündeten den Zunderschwamm. Damit brachten sie das Holz zum Brennen. Moderne Feuerzeuge orientieren sich an dieser uralten Technik. Sie enthalten zwar kein Pyrit mehr. Aber sie funktionieren nach einem ähnlichen Prinzip. Durch die Reibung eines Zahnrads werden von einem Metallstück Späne abgerieben, die sich entzünden.

5 a A Etwa 150 000 Jahre alte Spielzeugfiguren fanden Bauarbeiter bei Straßenbauarbeiten. Der Fund wurde ...
B Einen bisher unbekannten Tempel entdeckte eine Touristengruppe bei einer Exkursion im Urwald. Dieser wurde offenbar ...
C Uralten Schmuck von unschätzbarem Wert fanden Schüler durch Zufall beim Spielen im Wald. Wie die Polizei mitteilte, ...
D Die Inschrift einer geheimnisvollen Tür enträtselte ein amerikanischer Forscher nach jahrelanger Forschungsarbeit. Auf einer Pressekonferenz ...

Seite 74

1 a, b **Fürsorglicher Dieb**

A Eine alte Frau besaß ein altes, sehr wertvolles Bild. Das Bild (*Es*) hing in ihrem Wohnzimmer.
B Das fand ein Dieb heraus. Kurzerhand brach der Dieb (*er*) ein und stahl das Bild.
C Tage später entdeckte die Besitzerin das Bild wieder vor ihrer Tür. Das Bild (*Es*) war unbeschädigt.
D Die alte Frau entdeckte auch eine Tüte. Die Tüte (*Sie*) enthielt etwas Geld und einen Brief.
E In dem Brief entschuldigte sich der Dieb bei der Besitzerin für seine Tat. Er empfahl der Besitzerin (*ihr*), sich von dem Geld ein neues Türschloss zu kaufen.

2 a, b **Der gestohlene Inka-Schmuck**

Vier Wochen nach seiner Tat brachte ein Dieb gestohlenen Inka-Schmuck zurück, weil den Dieb (*ihn*) ein schlechtes Gewissen plagte. Der Dieb (*Er*) hatte als Fahrer für ein Ausgrabungsteam gearbeitet. Mit einem Generalschlüssel war es dem Dieb (*ihm*) gelungen, in den Raum mit den Fundstücken zu gelangen. Dort hatte der Dieb (*er*) den seltenen Schmuck gestohlen. Als der Forschungsleiter den Dieb (*ihn*) auf den Diebstahl ansprach, gab der Dieb (*er*) seine Tat zu.

Seite 75

3 a, b, c

A Manchmal finden Touristen wertvolle Fundstücke wie alte Tonscherben. (*entdecken* – *stoßen auf* – ~~*begegnen*~~)
B Einige von ihnen stehlen diese Scherben. (*klauen* – *stibitzen* – ~~*erobern*~~ – *entwenden*)
C Manchmal sehen Mitreisende den Diebstahl. (*beobachten* – ~~*beachten*~~ – *mitbekommen* – *entdecken*)
D Wissenschaftler berichten über die Bedeutung solcher Funde in Zeitungen. (~~*notieren*~~ – *schreiben* – *informieren*)

4 a **Ein spätes schlechtes Gewissen**
Der Chaco-Canyon ist ein berühmtes Reiseziel in den USA. Das Reiseziel zieht jedes Jahr unzählige Touristen an. An diesem Ort befinden sich die Ruinen eines alten Indianervolkes. Das Indianervolk lebte hier vor etwa 750 Jahren. In den Ruinen findet man immer wieder Spuren des alten Volkes. Touristen finden häufig Tonscherben im Sand. Touristen nehmen die Tonscherben dann als Andenken mit nach Hause. Doch einige plagt später ein schlechtes Gewissen. Sie versuchen das schlechte Gewissen loszuwerden und schicken die Scherben per Post zurück.

b **Mögliche Überarbeitung:**
Ein spätes schlechtes Gewissen
Der Chaco-Canyon ist ein berühmtes Reiseziel in den USA. Es zieht jedes Jahr unzählige Touristen an. An diesem Ort befinden sich die Ruinen eines alten Indianervolkes. Dieses lebte hier vor etwa 750 Jahren. In den Ruinen findet man immer wieder Spuren des alten Volkes. Touristen entdecken häufig Tonscherben im Sand. Sie nehmen sie dann als Andenken mit nach Hause. Doch einige plagt später ein schlechtes Gewissen. Sie versuchen es loszuwerden und schicken die Scherben per Post zurück.

5 **Mögliche Verben:**
rufen: schreien, laut sagen gehen: laufen, spazieren

Seite 76

Teste dich! – Die Satzglieder

1 a, b (Subjekt, Prädikat, Akkusativobjekt, Dativobjekt)
B Seinen Gästen serviert Ben einen leckeren Nudelsalat. C Einen leckeren Nudelsalat serviert Ben seinen Gästen.
c Die Sätze haben jeweils **sieben** Wörter und **vier** Satzglieder.

2 a Erfand | jemand | dein Lieblingsessen ?
Prädikat – Subjekt – Akkusativobjekt
b Jemand erfand dein Lieblingsessen.
c Jemand erfand vielleicht vor langer Zeit dein Lieblingsessen.

3 a (Subjekt, Prädikat, Akkusativobjekt, Dativobjekt)
(1) Nudeln schmecken vielen Menschen. (2) Haben Chinesen die Teigwaren erfunden? (3) Seit Kurzem hat man Gewissheit. (4) Ein chinesisches Forscherteam machte einen sensationellen Fund. (5) Es fand 4000 Jahre alte Steinzeitspaghetti. (6) Die Reste zerfielen den Forschern. (7) Trotzdem entdeckten sie ein paar Besonderheiten. (8) Die Steinzeitmenschen verwendeten bestimmte Getreidesorten.
b (1) Wem schmecken Nudeln? (Dativobjekt)
(3) Wer oder was hat seit Kurzem Gewissheit? (Subjekt)
(4) Wen oder was machte ein chinesisches Forscherteam? (Akkusativobjekt)
(6) Wem zerfielen die Reste? (Dativobjekt)

Seite 77

4 Mia kocht den Freunden eine Kartoffelsuppe.
Oder: Die Freunde kochen Mia eine Kartoffelsuppe.

So könnten deine Überarbeitungen laufen:

5 a A 1680 herrschte in Belgien ein strenger Winter. Flüsse und Seen froren in ganz Belgien zu. Die Belgier aßen gern kleine frittierte Fische. In diesem Winter konnten die Belgier aber keine Fische fangen.
b B Die Belgier nutzten in diesem Winter Kartoffeln. Sie schnitten sie in längliche Stücke und frittierten sie in heißem Fett. Von Belgien aus verbreiteten sich die Pommes auf der ganzen Welt.

Rechtschreibung

Seite 78

Rechtschreibstrategien anwenden – Fehler vermeiden

1 b Ida, Julius, Kaufmann, Ludwig, Martha, Nordpol, Otto, Ökonom, Paula, Quelle, Richard, Samuel, Schule, Theodor, Ulrich, Übermut, Viktor, Wilhelm, Xanthippe, Ypsilon, Zacharias

Seite 79

1 a die Ha gel schau er die Un wet ter war nung die Ge wit ter wol ken
die Rü ben ern te die Win ter klei der stof fe die Som mer son ne die Pa pa gei en ar ten

2 Sil ben bo gen er fin der 7 | Pi ra ten au gen klap pe 7
Pup pen stu ben zim mer 6 | Ka mel ka ra wa nen rei se grup pe 10

3 a, b die Sommerrosen, die Gewitterblitze, das Sommergemüse, die Kirschkernweitspuckerbande

4 a, b Es klap per ten die Klap per schlan gen, bis ih re Klap pern schlap per klan gen und die Klap per schlan gen kin der lau ter san gen.
Die Krab ben fi scher fi schen fri sche Krab ben und knab bern sie, so bald sie nicht mehr krab beln.

Seite 80

1 a, b **Sp**at zen **Sp**a ten **Sp**ar gel **Sp**ei se **st**ar ten **st**ei gen **st**el len **st**au ben
c Man spricht **schp**. Man schreibt **sp**. / Man spricht **scht**. Man schreibt **st**.

2 b Markiert wird in allen Wörtern das **Qu/qu.**
c Man spricht **kw,** aber man schreibt **qu.**

3 Quellwasser (Z. 1), Quarkkuchen (Z. 2), Querdenker (Z. 3), Magerquark (Z. 4), Feuerqualle (Z. 5), Quersumme (Z. 6), Quecksilber (Z. 7), Flussquelle (Z. 8), Quallenarten (Z. 9), Quatschkopf (Z. 10)

4 Wörter mit **sp,** z. B.: Sport, sparen, Spatz, spazieren, spät
Wörter mit **st,** z. B.: stur, starr, stolpern, stoßen, stark
Wörter mit **qu,** z. B.: quer, Qual, Qualm, quatschen, quaken

Seite 81

1 a, b, c, d
Wörter, die man schwingen kann: die Freu de, der Gra ben, lo ben, die Stel le, schwim men, tref fen
Wörter, die man verlängern muss: der Freun**d** – die Freun de, der Ta**g** – die Ta ge, wil**d** – wil der als, die Wan**d** – die Wän de, der Zu**g** – die Zü ge, wi**ll** – der Wil le, lü**gt** – lü gen, re**nnt** – ren nen, le**bt** – le ben, tau**b** – tau be (Füße), be**llt** – bel len, run**d** – run des, mil**d** – mil der als, ko**mmt** – kom men

2 Nomen: der Freund, die Freude, der Graben, der Tag, die Stelle, die Wand, der Zug
Adjektive: wild, taub, rund, mild
Verben: loben, will, lügt, rennt, lebt, schwimmen, bellt, kommt, treffen

Seite 82

1 a, b der Er wer**b**, far bi**g**, schä bi**g**, ge sun**d**, der Be trie**b**, der Ur lau**b**, der An zu**g**, der Be tru**g**, der Ver ban**d**, der Um zu**g**, der Um stan**d**, der Er fol**g**, der Ge par**d**, kräf ti**g**
c Die Problemstellen befinden sich alle am Wortende.

2 **Wörter mit *b*:** die Erwer**b**ungen, die Betrie**b**e, die Urlau**b**e
Wörter mit *d*: gesün**d**er, die Verbän**d**e, die Umstän**d**e, die Gepar**d**en
Wörter mit *g*: farbi**g**er, schäbi**g**er, die Anzü**g**e, der Betrü**g**er, die Umzü**g**e, die Erfol**g**e, kräfti**g**e

3 a, b A Der Zu**g** zo**g** tausen**d** Tonnen San**d** zum Stran**d**. – die Züge, zogen, tausende, sandig, die Strände
B Er hän**gt** das Bil**d** an die Wan**d**. – hängen, die Bilder, die Wände
C Der Sturm to**b**t über das Lan**d**. – toben, die Länder
D Das Kin**d** streichelt seinem Hun**d** das Fe**ll**. – die Kinder, die Hunde, die Felle
E Sie lä**ss**t am Stran**d** den San**d** durch ihre Han**d** rinnen. – lassen, die Strände, sandig, die Hände

Seite 83

1 a, b die Wolken|türme, der Hem**d**|kragen, die Winter|wolken, die Sonnen|hitze, die We**g**|breite, der Regen|bogen, der Wal**d**|boden, die Spargel|stange, die Zu**g**|verbindung, der Ba**ll**|wurf

c der Hem**d**|kragen – denn: die Hemden, die We**g**|breite – denn: die Wege, der Wal**d**|boden – denn: die Wälder, die Zu**g**|verbindung – denn: die Züge, der Ba**ll**|wurf – denn: die Bälle

2 a, b
die Han**d**|tasche – die Hände, die Wan**d**|schränke – die Wände, die Stan**d**|bilder – die Stände, der Stran**d**|hafer – die Strände, das Kor**b**|material – die Körbe, der Ran**d**|streifen – die Ränder, die Ber**g**|spitze – die Berge, der Zu**g**|führer – die Züge, die Ban**d**|scheibe – die Bänder

c
- Die Verlängerungswörter befinden sich im blauen Koffer.
- Der Artikel der zusammengesetzten Wörter richtet sich nach dem hinteren Wort.

3 der Abendstern, der Wandteppich, das Handballtor, der Klugredner, das Brennholz

Seite 84

4 lieb | lich (Z. 1) – lieben, herr | lich (Z. 2) – Herren, unglaub | lich (Z. 3) – glauben, entzünd | lich (Z. 4) – zünden, buchstäb | lich (Z. 5) – Buchstabe, frag | lich (Z. 6) – fragen, gelb | lich (Z. 7) – gelbes

5 a Tagebuch, Sommerferien, Wadenbeine, Muskelkater, hinunterschauen

b Schul land heim – denn: die Länder, end los – denn: das Ende, Flach land bewohner – denn: die Länder, Berg wanderungen – denn: die Berge, un vor stell bar, denn: vorstellen, der Wald weg – denn: die Wälder, die Wege, Pfad finder – denn: die Pfade

6 a, b schwind lig – denn: der Schwindel, un glaub lich – denn: glauben, Schwimm bad – denn: schwimmen, die Bäder, freund lich – denn: die Freunde

Seite 85

1 das B**e**llen – aber: die B**ä**lle, denn: der B**a**ll
b**e**ssern – aber: w**ä**ssern, denn: das W**a**sser
die K**e**lten – aber: die K**ä**lte, denn: k**a**lt
die Z**eu**gen – aber: die Z**äu**ne, denn: der Z**au**n
h**eu**te – aber: die H**äu**te, denn: die H**au**t
b**eu**gen – aber: be**äu**gen, denn: die **Au**gen

2 a, b das Kl**äu**schen – denn: der Kl**au**s, das T**ä**schchen – denn: die T**a**sche, das L**ä**mmlein – denn: das L**a**mm, das B**ä**hnchen – denn: die B**a**hn, das H**ä**hnchen – denn: der H**a**hn, das Sp**ä**tzchen – denn: der Sp**a**tz, das G**ä**belchen – denn: die G**a**bel, das T**äu**bchen – denn: die T**au**be

3
- der Arm, der Ärmel, ärmellos, kurzärmelig, die Ärmellänge
- klar, erklären, erklärbar, der Klärschlamm, unerklärlich, die Erklärung
- das Wasser, bewässern, entwässern, der Bewässerungsgraben, das Gewässer
- der Raum, räumlich, ausräumen, aufräumen, die Räumungsaktion, der Räumungsverkauf
- der Schaden, schädlich, die Entschädigung, der Schädling, unschädlich
- die Macht, mächtig, die Mächte, ohnmächtig, die Mächtigkeit

4 **Beispiel:** Der entwässerte Klärschlamm neben der Abwassergrube erklärt das klare Wasser im neu angelegten Bewässerungsgraben.

Seite 86

5 1 Bäuerin, 2 Läuse, 3 Pfläumchen, 4 Zäune, 5 Träume, 6 Mäuse, 7 Fäuste, 8 aufräumen, 9 häufig, 10 Häuser, 11 Mäuerchen

6 ältlicher, denn: alt; gefräßig, denn: der Fraß; krächzte, denn: der Krach; Räumen, denn: der Raum; Häuschens, denn: das Haus; Geräusch, denn: rauschen; länger, denn: lange; das Krächzen, denn: der Krach; ungezähmt, denn: zahm; Verständnis, denn: verstanden

7 a Unertreglich war, dass der Vogel wiederholt die nechtliche Ruhe störte. Heufig wurde er ausgerechnet nach Mitternacht putzmunter und störte die erholsamen Nechte der Bewohner. Diese wurden in ihren Treumen von den hesslichsten Gereuschen gequelt. Dafür schützte der Krach des Vogels alle Heuser in der Nehe vor Reubern.

b unerträglich, denn: ertragen; nächtlich, denn: die Nacht; häufig, denn: der Haufen; Nächte, denn: die Nacht; Träumen, denn: der Traum; hässlichsten, denn: der Hass; Geräuschen, denn: rauschen; gequält, denn: die Qual; Häuser, denn: das Haus; Nähe, denn: nah; Räuber, denn: der Raub

Seite 87

1

A	B	C	D	E	F	G	H	I	J	K	L	M
N	O	P	Q	R	S	T	U	V	W	X	Y	Z

2 a **L**eguan, **J**aguar, **A**msel, **M**eerschweinchen, **Q**ualle, **P**apagei, **S**eeadler, **U**hu, **I**gel, **W**anze, **D**elfin, **B**iene, **O**rca, **F**ledermaus, **N**ashorn, **K**änguru, **R**obbe, **H**olzwurm, **Z**ecke, **T**aube, **V**enusmuschel, **C**hamäleon, **G**orilla, **E**lefant, **Y**ak

b Zu einem Buchstaben gibt es kein Tier. Es ist das **X**.

3 die Amsel, die Biene, das Chamäleon, der Delfin, der Elefant, die Fledermaus, der Gorilla, der Holzwurm, der Igel, der Jaguar, das Känguru, der Leguan, das Meerschweinchen, das Nashorn, der Orca, der Papagei, die Qualle, die Robbe, der Seeadler, die Taube, der Uhu, die Venusmuschel, die Wanze, der Yak, die Zecke

4 1 auffressen, 2 aufgeben, 3 aufgehen, 4 aufhebeln, 5 aufheben, 6 aufklappen, 7 aufklären, 8 aufknacken

5 Mit dem *S* fangen die meisten Wörter an.

Seite 88

2 A Schwingen: hatten, Tischplatte, stelle, Messer, Löffel, Tischkante, zwischen

B Verlängern: gelegt, denn: legen; richtig, denn: richtiges; unnötig, denn: unnötiger; Stromkreis, denn: Stromkreise; muss, denn: müssen; kann, denn: können; Holzbrett, denn: Holzbretter; Glasrand, denn: Glasränder

C Ableiten: Länge, denn: lang; wären, denn: waren; Gläser, denn: Glas

Seite 89

Teste dich! – Die Strategien anwenden

1 So**mm**ermantel Ku**mm**erkasten Lese**ss**elkissen Ze**tt**elkasten

2 **b/p:** der Urlaub der Raub der Stab das Grab der Leib das Sieb

d/t: das Land niemand hundert tausend rund gesund

g/k: der Umzug der Anorak witzig die Meldung traurig der Anzug

3 der Han**d**|schu**h** das Ro**ll**|fel**d** das Kunst|sto**ff**|fenster die Schrei**b**|tisch|schu**b**|lade der Ka**mm**|molch der Ro**ll**|laden

der Bru**mm**|kreisel das Wo**ll**|klei**d**

4 a, b prächtig, denn: die Pracht; gl**ä**nzen, denn: der Glanz; schw**ä**rmen, denn: der Schwarm; die H**ä**nde, denn: die Hand;

bl**äu**lich, denn: blau; die Wilds**äu**e, denn: die Sau; das M**äu**schen, denn: die Maus; die Ger**äu**sche, denn: rauschen;

das Gem**äu**er, denn: die Mauer

Seite 90

Regeln zum Rechtschreiben – Auf Nummer sicher

1 a, b
Hinweis: Geschlossene Silben sind **fett** gedruckt, offene Silben sind normal gedruckt.

fa li ra ru	pa pe pa **pom**	ha ha ha	**sum sum** si
la li la lu	si sa **sam pam**	mi su si so	**brum** ba **sum** pa

2 **Hinweis: Geschlossene Silben** sind **fett** gedruckt, offene Silben sind normal gedruckt.
das Au to die **Sil** be der Bo **gen** das Ge mü se die **But ter** bro te die **Som mer** ho se

3 a **Hinweis: Geschlossene Silben** sind **fett** gedruckt, offene Silben sind normal gedruckt.
Wol Le **Wol** **Nel** Ne **Kis** Mau Lei **er** **bel** ke ke le te **ter** **der** le
pflan rei mei **mer** strei **wol** **war** **len** **ten** **ken** **nen** **ten** **sen** **zen** **ten**

b, c **Hinweis:** Du kannst auch andere Wörter gebildet haben.
A Erste Silbe offen: Leder, Nebel, Mauer, Leiter, reiten, reisen, meinen, streiten, heute, hören, schneiden, schauen
B Erste Silbe geschlossen: Wolle, Wolke, Nelke, Kiste, pflanzen, merken, wollen, warten, morgen, gestern, dürfen, wollen, warten

4 Wenn die Silbe offen ist, spricht man den Vokal lang.
Wenn die Silbe geschlossen ist, spricht man den Vokal kurz.

Seite 91

1 a A der K**ö** **n**ig die R**o** **b**e schre**i** **b**en die H**u** **p**e h**o** **b**eln l**e** **s**en re**i** **z**en ge**i** **z**en qu**a** **k**en
B die Ka**n** **n**e die Ro**b** **b**e wi**p** **p**en die Pu**p** **p**e ho**p** **p**eln la**s** **s**en we**t** **t**en ho**f** **f**en wi**s** **s**en

b A Man schreibt keine Doppelkonsonanten, wenn die erste Silbe offen ist.
B Man schreibt Doppelkonsonanten, wenn die erste Silbe geschlossen ist.

2 a **Hinweis: Doppelkonsonanten** sind zusätzlich markiert.
Sil **b**e schwi**n** **g**en be**l** **l**en sti**m** **m**en wo**l** **l**en kö**n** **n**en die Pu**n** **k**te wi**n** **k**en hi**n** **k**en
So**n** **n**e der Hi**m** **m**el die To**n** **n**e die Bri**l** **l**e die Gre**n** **z**e der Ze**t** **t**el so**l** **l**en to**r** **k**eln

b

Wörter mit Doppelkonsonant in der Wortmitte	Wörter mit verschiedenen Konsonanten in der Wortmitte
bellen, stimmen, wollen, können, Sonne, Himmel, Tonne, Brille, Zettel, sollen	Silbe, schwingen, Punkte, winken, hinken, Grenze, torkeln

3 Man schreibt Doppelkonsonanten, wenn die erste Silbe geschlossen ist und man an der Silbengrenze nur einen Konsonanten hört.

Seite 92

5 a hop peln ge hen lau fen ren nen trot ten schrei ten hin ken hum peln has ten stel zen trot teln ei len

b

Erste Silbe offen	Erste Silbe geschlossen	
	Zwei verschiedene Konsonanten	Zwei gleiche Konsonanten
gehen, laufen, schreiten, eilen	hinken, humpeln, hasten, stelzen	hoppeln, rennen, trotten, trotteln

6 a, b brennt – brennen, knallt – knallen, summt – summen, kommt – kommen, nennt – nennen, hallt – hallen, brummt – brummen, fällt – fallen, kämmt – kämmen, kennt – kennen

7 er woll[te] – wir wollen er soll[te] – wir sollen er bell[te] – sie bellen
er bestimm[te] – wir bestimmen er muss[te] – wir müssen er schell[te] – wir schellen

Seite 93

1 geben, reiten, reiben, scheinen, Käse, Pfeife, Sofa, Musik

2 a, b **Hinweis:** w.1 heißt waagerecht, 1. Zeile; s.1 heißt senkrecht, 1. Spalte usw.
aa: das Paar (w.10), der Saal (s.4), die Saat (s.5), die Waage (w.11), das Haar (s.11), der Aal (s.2), das Aas (w.13)

ee: der Klee (w.3), der Schnee (w.3), die Armee (w.3), die Seele (s.1), die Fee (s.3), der See (s.7), das Beet (s.10), die Beere (w.6), der Tee (w.5), der Teer (s.15), der Kaffee (s.14), das Heer (w.8)
oo: das Moos (w.1), das Boot (w.12), der Zoo (w.13), das Moor (s.5), doof (w.4)

3 **Beispiel:** das Paar, die Paarung, unpaarig, paarweise, einpaarig, zweipaarig, dreipaarig, sich paaren, gepaart

Seite 94

1 a bit ten knit tern sie gen schim pfen bin den wie gen krie chen krie gen sin ken sie ben

b, c **Wörter mit *i***
bitten, knittern, schimpfen, binden, sinken
Die erste Silbe ist geschlossen. Sie endet mit einem Konsonanten.

Wörter mit *ie*
siegen, wiegen, kriechen, kriegen, sieben
Die erste Silbe ist offen. Sie endet mit einem Vokal.

2 er friert – denn: frie ren
er zischt – denn: zisch en
er riecht – denn: rie chen
sie zieht – denn: zie hen
sie siebt – denn: sie ben
ihr wisst – denn: wis sen

3 die Brief|post – denn: Brie fe
der Viel|fraß – denn: vie le
das Schließ|fach – denn: schlie ßen
das Kirchen|lied – denn: Kir che und Lie der
das Ab|zieh|bild – denn: zie hen und Bil der
der Tier|film – denn: Tie re und Fil me

Seite 95

4 Sieben riesige Räuber
zogen sieben
riesige Jacken an.
Sieben riesige Räuber
schlüpften in sieben riesige Socken
und in sieben riesige Stiefel
und setzten sieben riesige Hüte auf.

Sieben riesige Räuber
schnallten sieben riesige Gürtel
mit sieben riesigen Säbeln um.
Sieben riesige Räuber
humpelten durch den Wald,
aber nicht weit,
dann machten sie halt.
Sie riefen: „Zu dumm!"
Und kehrten wieder um.

Sieben riesige Räuber
humpelten wieder nach Haus.
Sieben riesige Socken
und sieben riesige Stiefel
reichen für sieben riesige Räuber nicht aus.

5 sieben (14 x), riesige (14 x), Stiefel (2 x), riefen (1 x), wieder (2 x)

6 sieben, riesige

7 Die Räuber haben an: Jacken, Socken, Stiefel, Hüte, Gürtel, Säbel.

8 **Beispiel:** Vierzehn riesige Räuber zogen vierzehn riesige Kniestrümpfe an ...

Seite 96

1 a sie fährt es dreht die Bahn er zahlt er steht zehn es blüht sie zählt er weht

b **Man hört das *h*:** drehen, stehen, blühen, wehen
M **Man hört das *h* nicht:** fahren, die Bahnen, zahlen, der Zehner, zählen

c **Die richtigen Antworten sind:**
Das *h* steht nur dann, wenn die erste Silbe offen ist. Das *h*, das man hörbar machen kann, steht am Anfang der zweiten Silbe. Das *h*, das man nicht hörbar machen kann, steht am Ende der ersten Silbe.

2 a, b **So hast du die Wörter richtig markiert und sortiert:**
M Hahn: der Hahnenkampf, die Hahnenfeder, das Hähnchen, der Hahnentritt, der Hähnchenflügel, der Hahnenschrei
M Bahn: das Bahngleis, der Bahnfahrplan, die Bimmelbahn, der Bahnhof
gehen: der Gehsteig, die Gehhilfe, der Gehweg, der Gehfehler
drehen: der Drehpunkt, der Drehstrom, die Drehleiter, die Drehmaschine, drehbar

3 a **Beispiel:** Ein Huhn und ein Hahn wohnen in dem Hühnerstall hinter dem Bahnhof.

Seite 97

1 a, b

Wörter mit *s*	Wörter mit *ß*
le sen, gra sen, to sen, krei sen, wei sen, lo sen, dö sen, gra sen, bla sen	hei ßen, spa ßen, schie ßen, sto ßen, rei ßen, gie ßen, flie ßen, spie ßen
Die erste Silbe ist offen. Das *s* spricht man summend (stimmhaft).	Die erste Silbe ist offen. Das *ß* spricht man zischend (stimmlos).

2 der Mais, es, alles, etwas, aus, was, als, bis, irgendwas, anders, niemals, der Amazonas

3 **Begründung:** Die *s*-Laute stehen am Wortende in nicht verlängerbaren Wörtern. Also kann nur *s* geschrieben werden.

Seite 98

4 a, b Der Bach **fließt** durch die Stadt. – denn: flie ßen
Er **gießt** seine Blumen. – denn: gie ßen
Der Adler **kreist** über dem See. – denn: krei sen
Er **beißt** in den saftigen Apfel. – denn: bei ßen

5 aßen – er aß, heißen – sie heißt, losen – er lost, lösen – sie löst,
beißen – er beißt, lesen – sie liest, grasen – es grast, tosen – es tost

6 der Fuß|abdruck – denn: die Fü ße, der Reiß|wolf – denn: rei ßen, die Weiß|glut – denn: wei ßes,
das Spaß|bad – denn: die Spä ße, die Glas|scherbe – denn: die Glä ser, die Kreis|werfer – denn: die Krei se

7 das Häschen – denn: der Ha se, die Stoßrichtung – denn: sto ßen, das Maßband – denn: die Ma ße,
das Gläschen – denn: die Glä ser, das Fußgelenk – denn: die Fü ße, das Losglück – denn: die Lo se

8 a, b, c Der **Fluss fließt** langsam und deshalb kippt das **Floß** nicht um.
die Flüsse, fließen, die Flöße

Seite 99

1 a **Hinweis: Geschlossene erste Silben** sind **fett** gedruckt, offene erste Silben sind normal gedruckt.
die Grü ße, die **Bis** se, au ßen, **pas** sen, die **Ris** se, rei ßen, drau ßen, **wis** sen, die So ße

b

Wörter mit *ss*	Wörter mit *ß*
die Bisse, passen, die Risse, wissen	die Grüße, außen, reißen, draußen, die Soße
Die erste Silbe ist geschlossen. Man spricht das *ss* zischend (stimmlos).	Die erste Silbe ist offen. Man spricht das *ß* zischend (stimmlos).

2 der Gruß – denn: die Grü ße der Kuss – denn: die Küs se
der Stoß – denn: die Stö ße das Schloss – denn: die Schlös ser
der Riss – denn: die Ris se der Genuss – denn: die Genüs se

3 Fischer, die mit Flößen auf Flüssen fahren, sind fischende Flussfloßfahrer.
Flüsse, in denen Floßfischer fischen können, sind Floßflussflüsse.
Fische, die die Floßfahrer in den Flüssen fischen, sind keine Floßfische, sondern Floßflussfische.

Seite 100

1

Wörter mit *ss*	Wörter mit *ß*
die Schüs se, die Schlüs se, die Ris se, die Bis se, mes sen	schie ßen, schlie ßen, rei ßen, bei ßen, die Ma ße
Die erste Silbe ist geschlossen. Man spricht das *ss* zischend (stimmlos).	Die erste Silbe ist offen. Man spricht das *ß* zischend (stimmlos).

2

	Gegenwart (Präsens)	Vergangenheit (Präteritum)
gießen	Er gießt die Blumen. – denn: wir gie ßen	Er goss die Blumen. – denn: wir gos sen
schließen	Er schließt die Tür. – denn: wir schlie ßen	Er schloss die Tür. – denn: wir schlos sen
fließen	Der Fluss fließt langsam. – denn: sie flie ßen	Er floss langsam. – denn: sie flos sen
beißen	Er beißt in das Brötchen. – denn: wir bei ßen	Er biss in das Brötchen. – denn: wir bis sen
zerreißen	Er zerreißt das Papier. – denn: wir zer rei ßen	Er zerriss das Papier. – denn: wir zer ris sen

3 a, b Die Blumen freuen sich über einen erfrischenden Wa**ss**ergu**ss** aus der Gie**ß**kanne.

Bei dem hei**ß**en Wetter genie**ß**en viele Menschen drau**ß**en ein Eis und schlecken es genü**ss**lich.

Flie**ß**ende Gebirgsflü**ss**e erfrischen den Wanderer, wenn er seine Hände darin na**ss** macht.

Ein schöner Abschlu**ss** ist ein Grillfest im Garten, mit dem man den Tag gemütlich beschlie**ß**en kann.

Seite 101

Teste dich! – Die s-Schreibung

1 Erste Silbe offen: die Klei der, die Ho sen, die Schu he, die Blu se, die Fü ße, die Ze hen
Erste Silbe geschlossen: die Waf fel, die Bril le, die Mit te, die Köp fe, die Ar me, die Mün der, die Hän de, die Häl se

2 A, C, D

3 Haselnü**ss**e gehören zu den ge**s**unden Nahrungsmitteln. Leider haben sie eine harte äu**ß**ere Schale, weshalb man nicht einfach in sie hineinbei**ß**en kann. Gut, dass es den Nu**ss**knacker gibt.
Ohne ihn mu**ss** man sich ziemlich quälen, um an die Nu**ss** zu kommen: Mit einem Me**ss**er hätte man keine Chance, mit einem Hammer würde man mei**s**tens am Schlu**ss** nur Mu**s** erzeugen, und dann würde das Nü**ss**eknacken keinen Spa**ß** machen.

4 Im Sommer ist es meistens meine Aufgabe, die Blumen im Garten zu wässern. Besser wäre es für mich, wenn unsere Kaninchen die Blumen abfressen würden. Aber zuverlässig wie ich bin, benutze ich die Gießkanne ausgiebig. Dass meine Füße dabei nass werden, macht bei der Hitze sogar Spaß.

Seite 102

Groß- und Kleinschreibung

1 **Hinweis:** Namen sind markiert, **Nomen** sind fett gedruckt und Satzanfänge unterstrichen**.**

boy lornsen
inka, minka und katinka

die **tante** schläft in ihrem **bett.**
doch hoch auf dem **gardinenbrett,**
da lauern schon drei **mücken,**
die ihre **stacheln** zücken.
links die inka.
rechts die minka.
in der **mitte** die katinka.

die **tante** schläft. jetzt hört man schon
am wohlbekannten **mückenton,**
wie sie mit leisem **sirren**
um **tantes nase** schwirren.
links schwirrt inka.
rechts schwirrt minka.
in der **mitte** schwirrt katinka.

die **tante** schläft. noch schläft sie gut.
drei **mücken** saugen **tantenblut**
mit langen **rüsselstangen**
aus beiden **tantenwangen.**
links saugt inka.
rechts saugt minka.
in der **mitte** saugt katinka.

die **tante** wacht, weil sie was sticht.
sie hebt die **hand** und hält **gericht.**
und was man lebend kannte,
klebt jetzt tot auf einer **tante.**
links klebt inka.
rechts klebt minka.
in der **mitte** klebt katinka.

ihr **leben** war nur kurz.
der **tante** ist das schnurz.

a Es sind 24 Satzanfänge.
b Boy, Lornsen, Inka, Minka, Katinka
c die Tante, das Bett, das Gardinenbrett, die Mücken, die Stacheln, die Mitte, der Mückenton, das Sirren, die Nase, das Tantenblut, die Rüsselstangen, die Tantenwangen, die Hand, das Gericht, das Leben

2 das Gardinenbrett: ein Brett, an dem die Gardine befestigt ist und das sie vor Staub von oben schützt
der Mückenton: ein Ton (ein Geräusch), das typisch für Mücken ist
das Tantenblut: eine Worterfindung des Dichters, die das Blut der Tante bezeichnet
die Rüsselstangen: eine Worterfindung des Dichters, die die Rüssel der Mücken genauer als eine Art von Stangen beschreibt
die Tantenwangen: eine Worterfindung des Dichters, die in übertriebener Weise (ironisch) betont, dass die Wangen zu der Tante gehören

Seite 103

1 b GOLDBARREN
c die Glasscherbe, die Orangenschale, der Löffelstiel, die Dachrinne, die Bierflasche, der Apfelbutzen, der Radieschenschwanz, das Rechenheft, der Eimer, der Nagel

2 **Beispiel:**

Gemeinschaft	**N**achtruhe	**I**mpfung
Ernährung	**D**isziplin	**T**raining
Sport	**H**ygiene	Gute Worte. Und wozu?
Urlaub	**E**rholung	Hier bringt dir aller Anfang schon Gewinn.

3 a Fromme **Frösche** fressen frische **Frühlingszwiebeln,** aber freche **Frösche** fressen frische **Früchte.**
Kleine **Katzen** und kleine **Kinder** kugeln gern mit **Kugeln** und **Klinkern.**
b kugeln, die Kugeln

Seite 104

4 a, b

-heit	-keit	-ung
Taubheit, Krankheit, Sturheit, Wildheit	Farbigkeit, Gleichzeitigkeit, Freundlichkeit, Heiterkeit	Hervorhebung, Anhebung, Umgebung, Ausgrabung
-nis	**-schaft**	**-tum**
Erlebnis, Ergebnis, Hindernis, Zeugnis	Meisterschaft, Kennerschaft, Verwandtschaft, Nachbarschaft	Brauchtum, Altertum, Eigentum, Heiligtum

5 die Offenheit (die Öffnung), die Geschlossenheit, die Rechnung (die Rechenschaft), die Wirklichkeit, die Empfindlichkeit, die Entschiedenheit, die Versteinerung, das Ärgernis, die Wissenschaft, die Bescheidenheit, das Geheimnis, die Frechheit, die Höflichkeit, die Dunkelheit, die Bitterkeit (die Bitternis), die Erklärung, die Eigenschaft (das Eigentum, die Eigenheit)

Seite 105

6 b Gemeinsam haben Tauben und Papageien, dass sie sich von Samen und Früchten ernähren, dass sie frech und neugierig sind, dass sie friedliche Vögel sind und dass sie schon lange eine Beziehung zu den Menschen haben.

7 a, b **Hinweis:** Unterstrichen sind neun Nomen, die von einem Artikel begleitet werden, und die dazugehörigen Artikel.
Markiert sind Nomen, die von Adjektiven begleitet werden, und die dazugehörigen Adjektive.
Fett gedruckt sind alle Nomen ohne Begleiter und die drei als Nomen verwendeten Farben.
Unterkringelt sind die zwei Nomen, die von einem Zahlwort begleitet werden.

Tauben und **Papageien**
Stadttauben sind mit ihrem gelblich braunen und grauen Gefieder nicht gerade die attraktivsten Vögel und machen viel Dreck. **Papageien** hingegen leuchten in den schönsten Farben wie **Rot, Smaragdgrün** und **Türkis** und gehören mit ihren **Knopfaugen** und ihrer **Fähigkeit,** unsere **Stimmen** nachzuahmen und zu „sprechen", zu den reizvollsten Vögeln überhaupt. **Tauben** und **Papageien** haben jedoch einiges gemeinsam. Beide ernähren sich hauptsächlich von **Samen** und **Früchten.** Beide sind frech und neugierig, jedoch auch friedfertig und umgänglich. Und beide haben schon lange eine enge Beziehung zu den Menschen. **Tauben** leben in der Nähe von **Dörfern** und **Städten** oder sogar mitten unter uns. Viele Arten, einschließlich der Wellensittiche, die kleineren Mitglieder der Papageiengruppe, werden als **Käfigvögel** oder **Haustiere** gehalten. **Tauben** werden auf **Schauen** vorgeführt und aufgrund ihres erstaunlichen Orientierungssinns bei **Wettflugveranstaltungen** und sogar als **Briefboten** eingesetzt.
c das Rot, das Smaragdgrün, das Türkis

8 die Tauben, wenige Papageien, die Stadttauben, schwarze Knopfaugen, die Fähigkeit, einige Stimmen, viele Samen, leckere Früchte, schöne Dörfer, große Städte, bunte Käfigvögel, exotische Haustiere, die Schauen, die Wettflugveranstaltungen, besondere Briefboten

9 Diese zwei Nomen werden von einem Zahlwort begleitet: viel Dreck, viele Arten.

Seite 106

10 a Diese Wörter sind Nomen:
Tauben, Krontauben, Erdtauben, Pflanzensamen, Nester, Bäumen, Flieger, Strecken, Vergangenheit, Brieftauben, Gurrlaute, Parks, Gärten, Plätzen, Vögel, Jungen, Milch, Substanz, Kropf
b Diese Nomen sind nicht hervorgehoben: Städten, Taubenarten, Eltern
c Diese hervorgehobenen Wörter sind keine Nomen: kraftvolle, einzigen

11 a, b, c **Hinweis:** Alle Satzanfänge sind unterstrichen, alle **Nomen** sind fett gedruckt.

Papageien
Papageien sind tropische **Vögel** mit einem kräftigen **Hakenschnabel** und einem farbenfrohen **Gefieder**. Sie haben **Greifzehen,** von denen zwei nach vorn und zwei nach hinten zeigen. Aufgrund dieser **Anordnung** kann der **Papagei** in **Bäumen** herumklettern, wobei er seinen **Schnabel** als dritten **Fuß** einsetzt. Außerdem kann er beim **Fressen Früchte** und **Nüsse** mit den **Füßen** festhalten. **Papageien** sind neugierig und untersuchen **Gegenstände** mit großer **Sorgfalt.** Sie halten sie fest und picken daran herum, um festzustellen, ob es sich um etwas **Fressbares** handelt.

12 etwas Fressbares (grün), beim Fressen (rot)

Seite 107

Teste dich! – Groß- oder Kleinschreibung?

1 das Geld, die Gondel, das Hirn, der Hirsch, der Hirte, die Kleidung, die Kleinarbeit, die Katze, das Klima, die Klingel

2 Zeile 1: im Wasser, in den Bergen, im Eis, in der Wüste, auf der Erde, (die) Tiere
Zeile 2: (die) Babys, unterschiedliche Weise, manche Tiere, aus (den) Eiern
Zeile 3: (die) Vögel, (die) Krokodile, (die) Pinguine, (die) Schlangen, im Bauch, ihrer (der) Mütter, die Kinder
Zeile 4: (die) Elefanten, (die) Giraffen, (die) Hunde, (die) Katzen
Zeile 5: manche Tierbabys, von ihren (den) Eltern, (die) Bärenkinder, (die) Nesthocker
Zeile 6: einige Monate, mit ihrer (der) Mama, in der Bärenhöhle, die Welt
Zeile 7: die Zebras, wackeligen Beinen, mit der Herde, (die) Nestflüchter

3 **Hinweis:** Als Nomen verwendete Adjektive sind unterstrichen und **als Nomen verwendete Verben** sind fett gedruckt.
Vom **Füttern** ihrer Brut sind die Altvögel oft ganz erschöpft. Sie suchen ständig etwas Fressbares für ihre Jungen. Während viele Menschen vom **Gurren** der Tauben ganz nervös werden, weil sie es als etwas Lästiges wahrnehmen, sehen die meisten Menschen in den Papageien wegen des bunten Gefieders etwas Schönes. Papageien lieben Nüsse. Beim **Knacken** setzen sie nicht nur ihren Schnabel, sondern auch ihre Füße ein.

Ich teste meinen Lernstand

Seite 109

Test A – Sachtexte lesen und verstehen

1 B ... Argumente für und gegen das Fernsehen.

2 1 = B 2 = C 3 = A

3
1 Fernsehen auf Platz 1 für Kinder
3 Bei manchen Themen kann man nicht mehr mitreden.
2 Keine Bomben zum Frühstück
6 Kinder müssen lernen, mit dem Fernsehen umzugehen.
5 Fernsehbilder setzen sich im Kopf fest.
4 Ansichten über das Fernsehprogramm

4 A = falsch B = richtig C = richtig D = falsch

5 Aussage B muss durchgestrichen werden.

Seite 110

Test B – Meinungen schriftlich begründen

1 Ehepaar Haller: dafür Markus und sein jüngerer Bruder: dagegen Wissenschaftler: dagegen

2 a, b

Begründungen *gegen* ein Leben ohne Fernseher	Begründungen *für* ein Leben ohne Fernseher
Kinder wollen nicht auf beliebte Fernsehsendungen verzichten. Man kann nicht mehr mitreden mit Freunden. Man verpasst richtig gute Filme. Kinder müssen das Fernsehen „lernen", sonst sind sie damit später überfordert.	Es gibt zu viele Sendungen, die qualitätslos sind. Viele Kinder gucken Sendungen, die nicht für Kinder bestimmt sind. Es wird Gewalt gezeigt. Kinder lernen, die Freizeit aktiver zu gestalten.

4 Überarbeite deinen Text, indem du die unten genannten Punkte der Reihe nach überprüfst.
Notiere zu jedem Bereich die erreichte Punktzahl.

	Maximale Punktzahl	Erreichte Punktzahl
Hast du in einer Einleitung erklärt, worum es geht?	2	
Hast du im Hauptteil als Erstes deine Meinung deutlich formuliert?	3	
Hast du danach mehrere Begründungen (mindestens 4) für deine Meinung genannt?	4	
Wurden in den Begründungen „Verknüpfungswörter“, z. B. denn, da, weil ..., verwendet?	2	
Hast du einen Schlusssatz verwendet und z. B. einen Wunsch aufgeschrieben?	3	
GESAMTPUNKTZAHL	14	

Seite 111

Test C – Grammatik

1 a, b 1 Fernsehen (N); 2 Liveübertragung (A); 3 Paul Nipkow (Name) (N), Idee (A); 4 Drehscheibe (A); 5 Bild (A); 6 Mitarbeitern (D); 7 Prinzip (N)

2 b Paul Nipkow hatte eine geniale Idee. Er erfand eine besondere Drehscheibe.

3 Satz 1: Prät.; Satz 2: Prät.; Satz 3: Prät.; Satz 4: Prät.; Satz 5: Prät.; Satz 6: Prät.; Satz 7: Präs.

4 Wurde das Fernsehen 1928 erfunden?

5 a, b

Er	stellte	dies	seinen Mitarbeitern	vor.
Subjekt	*Prädikat*	*Akkusativobjekt*	*Dativobjekt*	*Prädikat*

6 Überraschenderweise stellte er dies eines Tages seinen Mitarbeitern vor.

Seite 112

Test D – Strategiewissen Rechtschreibung

1 **Beispiele:** ein sa me, Fern se her, Er zeu ger, ver ban nen

2 **Beispiele:** be **lieb** te (lie ben), fern **seh feind** lich (se hen, Fein de)

3 Mutter Maren versteht das vielleicht besser, als Markus glaubt, denn sie ist ebenfalls ohne Fernsehen aufgewachsen und hatte einst das gleiche Problem: „Natürlich ist das manchmal blöd. Aber davon geht die Welt nicht unter.“ Beide Eltern sind der Meinung, gerade für Kinder biete das Programm vor allem Qualitätsloses; ganz abgesehen von Sendungen, die nicht für sie bestimmt sind.

Markus weiß das auch. Natürlich sehen er und sein jüngerer Bruder immer wieder mal bei Freunden fern: „Klar gibt's eine Menge Müll. Aber manchmal laufen auch richtig gute Filme.“ Die Gegenargumente kennt er auswendig: „Meine Mutter fürchtet, wir würden den ganzen Tag vor der Glotze hocken und irgendwann verblöden.“

4 Ebenfalls Anlass zu regelmäßigen Gesprächen sind die Computer der beiden Jungen.
Eine Stunde pro Tag dürfen sie am Rechner verbringen. „Meine Mutter“, beschwert sich Markus, „hat an allen Spielen etwas auszusetzen. Sie ist überzeugt, die Bilder prägen sich unbewusst ein.“
Deshalb dürfen die Söhne nur gewaltfreie Spiele spielen. Dass sie sich an die Altersfreigabe halten müssen, versteht sich von selbst.